W0229514

Jörg Bernardy

MANN
FRAU
MENSCH

Was macht mich aus?

BELTZ
& Gelberg

EIN MENSCH IST MEHR,
ALS MAN DENKT!

Frau oder Mann, alt oder jung, dick oder dünn, selbstbewusst oder schüchtern – nach diesen und vielen anderen Merkmalen sortieren wir Personen jeden Tag unbewusst ein. Auch uns selbst ordnen wir bestimmten Gruppen zu. Aber welche Bedeutung haben diese Kategorien eigentlich für unsere Persönlichkeit? Was würde sich ändern, wenn man zum Beispiel ein anderes Geschlecht hätte? Würde man sich anders fühlen und anders verhalten?

Ja, in diesem Buch geht es um Identität. Aber es ist kein Ratgeber, der einem sagt, wie man schöner, klüger und erfolgreicher wird. Es geht darum, zu verstehen, wodurch man die Person wird, die man ist. Die menschliche Identität lässt sich wissenschaftlich schwer fassen. Weder im Gehirn noch sonst wo im menschlichen Körper lässt sich so etwas wie eine Persönlichkeit oder ein Ich nachweisen. Unsere Identität ist vor allem ein Gefühl, das sich meist gar nicht so richtig oder nur schwer in Worte fassen lässt.

Das, was wir Identität oder Individualität nennen, ist auch das Ergebnis eines sozialen Prozesses. Denn niemand kommt als fertiges Ich auf die Welt. Von der Kindheit bis zur Berufswahl haben andere Menschen und die Gesellschaft einen Einfluss darauf, wie wir denken, fühlen und entscheiden: Die eigene Geschlechtsidentität zum Beispiel entwickelt sich in der Kindheit, und erst ab einem bestimmten Alter fühlen sich Kinder einem Geschlecht zugehörig. Aber: Wie fühlt es sich an, ein bestimmtes Geschlecht zu haben?

Unser Körper mag uns als naturgegeben erscheinen, und das ist auch nicht falsch. Andererseits sind unsere Wahrnehmung von Körpern oder auch die Regeln, wie man seinen Körper zeigen darf, gesellschaftlich geprägt. Genauso entsteht der individuelle Geschmack nicht unabhängig von anderen Menschen, selbst bei der Berufs- und Partnerwahl werden wir durch gesellschaftliche Vorstellungen und Ideale beeinflusst. Wäre ich unter anderen Bedingungen und in einer anderen Gesellschaft ein anderer Mensch? Und bin ich wirklich zu hundert Prozent die Person, die ich sein will?

Auch wenn wir es uns nur selten bewusst machen, beeinflusst das Geschlecht, wie wir andere Menschen wahrnehmen und wie wir selbst uns verhalten. Wir brauchen solche Kategorien, um im Alltag handlungsfähig zu sein. Aber manchmal verändern und verstellen sie auch den Blick auf die Wirklichkeit. Das betrifft uns alle. In genau diesem Moment lebt jeder Mensch, egal an welchem Ort dieser Welt, unter bestimmten sozialen Bedingungen: mit einem Körper, einem Geschlecht, einem Charakter und einem Umfeld. Die eigene Identität ist nicht nur biologisch bedingt, sondern auch durch die Regeln und Gesetze der Gesellschaft, in der man lebt.

Wer sich seiner Identität bewusst ist und offen zeigt, was ihn ausmacht, ermutigt auch andere dazu, sich so zu zeigen, wie sie sind. Insofern ist die eigene Identität nicht nur Privatsache – denn wer sich nicht davon einschränken lässt, was als »normal« gilt, der verändert damit auch ein bisschen die gesellschaftlichen Vorstellungen von Normalität.

Innenansichten

25 In Natura • Nina Meischen

28 Im Büro • Kim Salmon

48 Karlotta Freier

52 Sechs / Vierzehn • Merlin Krzemien

75 Körperlichkeiten • Lena Gröne

99 Steffi • Luma von Perfall

121 Wer bin ich wo? • Julian Litschko

126 Du bist jetzt ein Mann• Philipp Neudert

151 Ich – Ein Mensch • Lena Riemer

INHALT

11 /

Identität

Wer kann ich sein?

33 /

Umfeld

Bin ich ein Produkt äußerer Einflüsse?

59 /

Körper

Wie verhalte ich mich?

79 /

Liebe

Wie will ich leben?

107 /

Beruf

Wo will ich hin?

133 /

Zusammenleben

Verändern wir die Welt?

IDENTITÄT

Wer kann ich sein?

WENN MAN LÄNGER IN DEN SPIEGEL SCHAUT, WIRD MAN SICH FREMD

Wenn man in den Spiegel schaut, sieht man direkt in sein Gesicht. In meinem Fall ist es ein männliches Gesicht, meistens mit ein paar Bartstoppeln. Der Dreitagebart ist in unserer Kultur ein typisches Zeichen für Männlichkeit. Ich schaue weiter und sehe grün-braune Augen mit dunklen Augenbrauen. In der Mitte eine eher große als kleine Nase und einen Mund mit geschwungenen, vollen Lippen. Bei genauerem Hinsehen erkenne ich um die Augen herum ein paar Lachfalten. Und dann passiert, was mich immer wieder aufs Neue erstaunt, wenn man jedes Detail seines Gesichts im Spiegel betrachtet. Die einzelnen Gesichtspartien verflüssigen sich.

12   Plötzlich sehe ich nicht mehr das mir vertraute Gesicht. Es ist auch kein eindeutig männliches Gesicht mehr, sondern die Gesichtszüge könnten ebenso die einer Frau sein. Die Lippen wirken irgendwie weiblich und die Augen sind nicht mehr dem einen oder anderen Geschlecht zuzuordnen. Und am Ende erkenne ich gar keine klaren Umrisse mehr. Ich habe mein Gesicht so lange angeschaut, bis ich mich selbst nicht mehr wiedererkenne. Ein Blick in den Spiegel reicht also, um zu erleben, dass die eigene Identität nicht so selbstverständlich ist, wie man meint.

NATÜRLICH WEISS ICH, WER ICH BIN – ODER?

Wonach hält man Ausschau, wenn man im Restaurant oder im Club die Toilette sucht? Nach Schildern mit einer Damen-

oder einer Herrenfigur oder etwas Ähnlichem. Richtig? Und wenn nur ein »WC« ausgeschildert ist, wird man sich vor der Tür automatisch noch einmal vergewissern, ob es wirklich keine Männlichkeits- oder Weiblichkeitssymbole gibt, bevor man hineingeht. Im ICE ist es wiederum normal, dass es nur eine Toilette gibt, und nicht eine für Männlein und eine

JEDER HAT ZWEI GESCHLECHTER.

für Weiblein. Im Zug achtet man in der Regel nur darauf, ob es sich um eine normale Toilette oder um ein Behinderten-WC handelt. Normal? Manche Dinge sind eben so selbstverständlich, dass wir sie gar nicht mehr hinterfragen. Das trifft auf unser Ich und auf unser Geschlecht zu.

Jeder Mensch hat ein ungefähres Gefühl davon, wie und wer er ist. Aber wie fühlt es sich eigentlich genau an, dieses »Ich« zu sein? Gar nicht so leicht zu beschreiben. Das Gefühl mag vielleicht da sein, aber treffende Worte, um es zu auszudrücken, fehlen uns meist. So wie wir unser Ich für normal halten, so meinen wir vielleicht auch, unser Geschlecht sei selbstverständlich. Welches Geschlecht man hat, steht in der eigenen Geburtsurkunde und im Personalausweis. Es wird anhand körperlicher Merkmale festgelegt. Aber wenn man darüber nachdenkt, ist nicht so eindeutig, was das für das eigene Empfinden bedeutet. Können wir genauer erklären, was wir meinen, wenn wir sagen, dass wir männlich oder weiblich sind? Gibt es so etwas wie ein bestimmtes Geschlechtsgefühl? Oder andersherum gefragt: Ist es für mein Ich-Gefühl überhaupt wichtig, ob ich mich männlich oder weiblich fühle? Denn eines steht fest: Unser Geschlecht ist nicht einfach nur natürlich, auch wenn die meisten Menschen mit einem klar definierbaren Geschlecht geboren werden. Das Geschlecht

Identität

ist keine rein biologische Angelegenheit. Denn nur weil man als Mann geboren ist, heißt das ja noch nicht, dass man männlich ist. Oder?

Die Beschreibung des eigenen Geschlechts ist auch deshalb so schwierig, weil jeder Mensch nicht nur ein Geschlecht hat. Genau genommen hat nämlich jeder zwei Geschlechter, ein biologisches und ein soziales. In der englischen Sprache gibt es dafür sogar zwei verschiedene Begriffe: Sex bezeichnet das biologische Geschlecht, das durch die Geschlechtsorgane sichtbar wird. Gender meint dagegen das soziale Geschlecht, also die kulturellen und psychologischen Merkmale. Für das soziale Geschlecht zählen Wahrnehmung, Gefühle und Verhalten des Menschen. Wie wirkt zum Beispiel ein Junge, der nach dem Rollerfahren den Helm abnimmt und mitten auf der Straße intensiv seine Haare bürstet und mit Haarspray zurechtstylt? Er könnte auch noch viele andere Dinge tun: Blumen für sich kaufen, mit Schürze kochen (sogar ziemlich gut!), Schmuck tragen, vielleicht sogar Ringe am kleinen Finger. Außerdem könnte er auf seine Figur achten, sehr auf Hygiene bedacht sein und gern Liebesfilme schauen. Würde man sagen, das sei eine weibliche Art, sich zu verhalten? Wäre sein soziales Geschlecht also weiblich oder interpretieren wir sein Verhalten lediglich so, weil wir diese Eigenschaften vor allem bei Frauen erwarten?

Das soziale Geschlecht zu definieren ist gar nicht so einfach, weil es keine Tatsache, sondern vielmehr ein Prozess ist. Das soziale Geschlecht ist die Summe aller Eigenschaften, die uns erlauben, einen Menschen einem Geschlecht zuzuordnen. Es umfasst also all die Dinge, die eine Person sagt oder tut, um sich selbst als Mann oder Frau auszuweisen. Wie man sich kleidet, spricht, bewegt und vor anderen verhält, aber auch wie man sich selbst beschreibt. Diese Eigenschaften und Verhaltensweisen erfindet nicht jeder neu, sondern sie werden davon beeinflusst, welche Erwartungen man gesellschaftlich mit einem Geschlecht verbindet: Man nimmt eine soziale Rolle ein.

Jeder lässt sich bewusst oder unbewusst von gesellschaftlichen Vorstellungen leiten, wenn man sich und anderen Eigenschaften zuschreibt. Man stelle sich ein komplett unaufgeräumtes Zimmer mit leeren Chipstüten und vergammelten Joghurtbechern vor. Gehört das Zimmer einem Jungen, sagen wir wahrscheinlich: Typisch Jungs, absolutes Chaos! Ist es ein Mädchenzimmer, fragen wir uns vielleicht: Was ist denn da los? – Mit diesen Reaktionen hat man bereits beiden Geschlechtern bestimmte Eigenschaften unterstellt. Woher aber kommt die Annahme, dass Mädchen ordentlicher sind als Jungen? Ist ein Geschlecht wirklich ordentlicher als ein anderes? Oder gehen wir dabei von gesellschaftlichen Vorstellungen aus, die auf eine konkrete Person gar nicht zutreffen müssen?

15

SEIN SOZIALES GESCHLECHT ERLERNT MAN.

Während das biologische Geschlecht mehr oder weniger vorgegeben ist, entwickelt sich das soziale Geschlecht unter dem Einfluss von Gesellschaft, persönlichem Umfeld und Erziehung. Sein soziales Geschlecht erlernt man im Laufe seines Lebens und es kann sich auch ein ganzes Leben lang verändern. Dabei steht es jedoch in enger Verbindung mit dem eigenen Körper. Biologisches und soziales Geschlecht sind zwei Seiten derselben Medaille.

Identität

JEDER MENSCH HAT EIN GESCHLECHTSGEFÜHL

Wie lange dauert es eigentlich, bis ein Kind weiß, dass es ein Junge oder ein Mädchen ist? Bevor man sich einem Geschlecht zuordnen kann, muss man sich selbst wahrnehmen und über sich nachdenken können. Dazu muss sich zunächst überhaupt erst mal ein Ich-Bewusstsein entwickeln. Bis zum 14. Monat erkennen sich Kinder nämlich noch nicht im Spiegel. Erst in der Zeit zwischen dem 15. und 24. Monat verstehen Kleinkinder, dass ihr Spiegelbild sie selbst zeigt. Beim ersten Mal kann das ziemlich unheimlich oder auch besonders witzig sein, denn viele Kinder beginnen Grimassen zu schneiden, wenn sie sich das erste Mal im Spiegel sehen. In der Psychologie

16

spricht man hierbei auch vom Spiegelstadium, in das ein Kind nun eintritt. Es ist die spannende Entwicklungsphase, in der sich das Ich entfaltet.

Interessanterweise findet parallel dazu eine erste entscheidende Entwicklungsstufe der geschlechtlichen Selbstwahrnehmung statt. Denn spätestens bis zum zweiten Lebensjahr bildet sich bei Kindern eine sogenannte Kerngeschlechtsidentität heraus. Psychologen meinen damit die innere Überzeugung, einem bestimmten Geschlecht anzugehören. Das subjektive Erleben, also wie wir selbst unser Geschlecht wahrnehmen, spielt eine entscheidende Rolle dafür, zu welchem Geschlecht wir uns zählen. Normalerweise wird dieses Gefühl gar nicht bewusst wahrgenommen. Erst wenn es vom biologischen Geschlecht abweicht, fällt

MIT ZWEI JAHREN VERSTEHEN SICH KINDER ALS JUNGEN ODER MÄDCHEN.

es besonders auf. In den meisten Fällen stimmen das biologische, soziale und gefühlte Geschlecht zwar mehr oder weniger überein, aber eben nicht immer. Das bestätigen Menschen, deren Körper von ihrem subjektiven Geschlechtsgefühl abweicht. Obwohl sie biologisch gesehen vielleicht eindeutig Frau oder Mann sind, fühlen sie sich einem anderen Geschlecht zugehörig.

Ab einem bestimmten Zeitpunkt beginnen wir also, unser Geschlecht als männlich oder weiblich wahrzunehmen. Auch wenn uns dafür noch die Worte fehlen, entsteht nun das Gefühl, das wir als insgesamt eher

WIE MAN SEIN GESCHLECHT ERLEBT, KANN VOM BIOLOGISCHEN GESCHLECHT ABWEICHEN.

17

männlich oder eher weiblich abspeichern. Das Ich-Bewusstsein und unser Gefühl für das eigene Geschlecht entstehen also beide in der frühen Kindheit. So wie wir ein Identitätsgefühl haben, genauso entwickeln wir ein Gefühl für das eigene Geschlecht.

WIE STARK WIRD MEIN GESCHLECHT VON AUSSEN GEPRÄGT?

Tatsächlich wird die Geschlechtsidentität von Kindern schon beeinflusst, bevor sie überhaupt eine Ich-Identität entwickeln. Daran kann sich zwar niemand bewusst erinnern, dennoch lässt sich diese frühzeitige Beeinflussung nachweisen. So gibt es beispielsweise Studien, die die Beziehung zwischen Eltern und Säuglingen untersuchen. Die Eltern und andere Erwachsene kennen natürlich das Geschlecht des Babys, auch wenn

Identität

es selbst noch gar keinen Begriff davon hat, und behandeln männliche und weibliche Säuglinge unterschiedlich. Das beginnt mit der Namensgebung und hört mit der Tonlage und bestimmten Wörtern auf. Formt es die Identität, wenn man mit »Großer« oder »Prinzessin« angesprochen wird? Normalerweise orientieren sich die Eltern und das Umfeld am biologischen Geschlecht, um einem Kind sein soziales Geschlecht zuzuweisen. Der Körper, die Gene und Hormone entscheiden also darüber, welche Eigenschaften man zugesprochen bekommt und welches Verhalten von einem erwartet wird.

Das bedeutet aber nicht, dass unser soziales Verhalten und die Rolle, die wir in der Gesellschaft einnehmen, biologisch oder genetisch festgelegt sindw. Neben dem biologischen und dem sozialen Geschlecht gibt es nämlich auch noch das subjektiv gefühlte Geschlecht. Dass das subjektive Geschlechtsgefühl und das körperliche Geschlecht nicht unbedingt zusammenpassen müssen, sieht man an Menschen, die sich einem anderen Geschlecht zugehörig fühlen. Sie können sich mit dem biologischen Geschlecht, mit dem sie geboren wurden, nicht identifizieren. Im Deutschen nennt man dieses Phänomen ganz allgemein »Transgeschlechtlichkeit«. In unserem Sprachgebrauch gibt es mehrere Wörter für transgeschlechtliche Personen. Im 20. Jahrhundert sprach man vor allem von Transsexualität (das ist auch die rechtlich korrekte Bezeichnung), heute spricht man vermehrt von Transgender, Transidentität oder einfach Trans*, um alle transgeschlechtlichen Menschen einzuschließen. Dazu gehören auch Personen, die sich als nicht binär definieren, sich also weder dem weiblichen noch dem männlichen Geschlecht zugehörig fühlen.

Transgeschlechtlichkeit hat nichts mit Sexualität oder mit sexueller Orientierung zu tun, sondern mit der eigenen Selbstwahrnehmung. Daher wird das Wort transsexuell von vielen Betroffenen abgelehnt, weil es zu sehr den körperlichen und sexuellen Aspekt betont. Das Wort Transgender hingegen stellt das soziale Geschlecht in den Vordergrund. Das geht manchen wiederum nicht weit genug. Denn für die persönliche Geschlechtsidentität zählt eben nicht nur das soziale Geschlecht, sondern auch der Körper, in dem man sich wohlfühlt.

Die verschiedenen Bezeichnungen lassen vermuten, dass es unterschiedliche Ausprägungen von Transgeschlechtlichkeit gibt. Das liegt zum einen daran, dass die eigene Geschlechtsidentität von jedem Menschen anders erlebt wird. Zum anderen kann man sich auf das biologische oder das soziale Geschlecht beziehen, dem man sich nicht zugehörig fühlt, oder eben auf beides. Wer sich nicht mit seinem sozialen Geschlecht identifizieren kann, wird in erster Linie sein Verhalten danach ausrichten und verändern wollen. Trans*-Menschen, die sich mit einem anderen körperlichen Geschlecht identifizieren, wollen nicht selten ihr biologisches Geschlecht wechseln, indem sie sich operieren und hormonell behandeln lassen. Dies zeigt, wie wichtig es für die persönliche Identität ist, dass man sich mit dem eigenen Geschlecht und Körper identifiziert. Denn diese Menschen leiden nicht nur darunter, dass sie sich im falschen Körper fühlen. Oftmals haben sie auch das Gefühl, dass man ihnen das falsche soziale Geschlecht zugewiesen hat. Wie man sich innen fühlt, so möchte man meist auch von außen wahrgenommen werden.

SÄUGLINGE WERDEN JE NACH GESCHLECHT UNTERSCHIEDLICH BEHANDELT.

19

Identität

Auch bei Menschen, die sich grundsätzlich im richtigen Körper fühlen, gibt es Abweichungen und Unstimmigkeiten zwischen biologischem und sozialem Geschlecht. Außerdem ist gar nicht gesagt, dass männlich und weiblich die einzigen Möglichkeiten sind.

WAS MICH AUSMACHT UND WIE MICH ANDERE SEHEN

20

Wer man ist und wie man sich verhält, ist keine feststehende Sache. Denn auch nach der Kindheit entwickelt sich jeder Mensch weiter. Obwohl man sich verändert und vielleicht anders fühlt oder denkt als vor zehn Jahren, weiß man intuitiv, dass man die gleiche Person ist. Ohne dieses Wissen wäre keine Identität möglich. Unser Bewusstsein muss sich ständig mit seinen Empfindungen und seinem Wissen austauschen, seine Erlebnisse und Erinnerungen zeitlich ordnen und das alles in einer einheitlichen Ich-Erfahrung zusammenführen. Erst diese Einheit des Bewusstseins gibt uns die Möglichkeit, Vergangenheit, Gegenwart und Zukunft voneinander zu trennen.

Trotz aller Entwicklung meinen Psychologen, dass es in unserer Identität etwas Gleichbleibendes gibt. Dieses Gleichbleibende kann man sich als eine Mischung aus Charakter und Temperament vorstellen, etwas, das immer durchschimmert, auch wenn die Persönlichkeit sich verändert. Viele Psychologen sprechen von einem Wesenskern, den jeder Mensch hat und zu dem auch das subjektive Geschlechtsgefühl gehört. Vielleicht liegt es an diesem Wesenskern, dass sich die meisten Menschen für einzigartige Individuen halten. Keiner ist genau wie ich oder sieht genauso aus wie ich. Richtig? Mein Charakter, meine persönliche Geschichte und bestimmte Ticks sind typisch für mich. – Wieso sollten wir dann eigentlich glauben, dass die Hälfte der Erdbevölkerung, die das gleiche Geschlecht hat wie wir, uns in dieser Hinsicht total ähnlich ist? Wieso sollte unser Geschlecht weniger individuell sein als der Rest von uns?

Das Gleiche betrifft eigentlich alle Merkmale, die man von der Gesellschaft zugeschrieben bekommt. Unsere gesamte Identität lässt sich nämlich gesellschaftlich betrachtet in verschiedene Kategorien einteilen. Das sind zum Beispiel Geschlecht, Körper, sexuelle Orientierung, Gesundheit, Herkunft, Beruf, Hautfarbe, Bildung und Geld. Jemand ist beispielsweise 23 Jahre alt, weiblich, 1,70 m groß, heterosexuell, dunkelhäutig, in Deutschland geboren und hat Abitur. All diese Aspekte verraten etwas über die Person und erzählen eine Geschichte. Aber machen diese Kategorien die Persönlichkeit aus? Was sagt es über einen Menschen aus, dass er Programmierer ist und in Nordafrika geboren wurde? Sind das nicht eher Schlagworte, mit denen wir verschiedene Gruppen einteilen?

Wenn wir uns selbst oder eine andere Person beschreiben möchten, sind Kategorien wie jung und alt, dick und dünn, gesund und krank, männlich und weiblich, erfolgreich und erfolglos, introvertiert und extrovertiert ziemlich hilfreich. Denn sie brechen die Identität auf unterschiedliche Merkmale herunter, die man von außen beschreiben kann. Auch beim Arzt werden wir unter bestimmten Aspekten erfasst, damit er eine

IM KERN BIN ICH IMMER ICH SELBST. NIEMAND IST GENAU WIE ICH.

Diagnose stellen und über eine medizinische Therapie entscheiden kann. In dieser Hinsicht arbeiten diese Kategorien also für uns und machen die Welt etwas einfacher, indem sie Orientierung und Ordnung schaffen.

Allerdings legen sie unsere Identität auf bestimmte Merkmale fest, was andererseits sehr einschränkend sein kann. Man kann solche äußerlichen Klassifizierungen als passend, unpassend, motivierend, demotivierend, angenehm oder unangenehm erleben. Denn wer entscheidet, wo dünn aufhört und dick anfängt? Wer definiert, was erfolgreich ist? Klar ist, dass diese Kategorien unsere Selbstwahrnehmung und damit unsere Identität prägen und beeinflussen. Zur eigenen Geschlechtsidentität gehört nämlich nicht nur, was man selbst als männlich und weiblich definiert, sondern auch das, was in den Augen anderer als männlich und weiblich gilt.

WIE ANDERE UNS SEHEN, VERÄNDERT UNSER SELBSTBILD.

WIE MÄNNLICH ODER WEIBLICH BIN ICH EIGENTLICH?

Schaut man mal genauer hin und fragt sich, was am eigenen Ich-Gefühl eigentlich männlich oder weiblich ist, findet man erstaunlich wenig Handfestes. Fühlt sich ein männliches Ich anders an als ein weibliches Ich? Hat man als Frau ein eindeutiges Gefühl von Weiblichkeit? Hat jeder Mann ein klares Bewusstsein seiner Männlichkeit? Und wie lässt sich das Gefühl von Weiblichkeit und Männlichkeit eigentlich in Worte fassen? Wenn man nachspürt, ist es gar nicht so leicht zu beschreiben, wie sich das eigene Ich überhaupt anfühlt, und schon gar nicht, was daran genau männlich oder weiblich sein soll. Natürlich empfindet jeder etwas, wenn er in sich hineinfühlt, aber inwiefern ist dieses Etwas geschlechtlich zugeordnet?

Was es heißt, sich als männlich oder weiblich zu empfinden, ist aus zwei Gründen so schwierig zu beantworten. Erstens haben wir unbewusst bereits Vorstellungen davon, was männlich und weiblich ist, ohne dass wir im Alltag aktiv darüber nachdenken. Wir müssen also erst einmal auf die Idee kommen, uns darüber Gedanken zu machen. So wie man sich ja auch nicht darüber wundert, dass man atmen muss. Und zweitens ist das, was wir für männlich und weiblich halten, abhängig davon, was andere darüber denken und sagen. Wir haben nicht einfach nur eine persönliche Definition dafür. Im Alltag scheint es oftmals,

23

als seien unsere Persönlichkeit, unser Geschlecht und unsere sexuelle Orientierung schlicht Tatsachen, die immer schon so waren. Selbst wenn man hier und da wahrnimmt, dass sich die Persönlichkeit und der Körper beispielsweise verändern, kommt es einem so vor, als sei das auf natürliche Weise bereits so angelegt. Es kann ja zum Beispiel auch niemand verhindern, dass sein Körper altert. Aber das, was biologisch festgelegt ist, und das, was sich sozial und gesellschaftlich entwickelt, sind zwei verschiedene Dinge.

Ob Tarzan und Jane, Romeo und Julia oder Edward und Bella, unsere Kulturgeschichte ist voll mit Beispielen, in denen männlich und weiblich als Gegenpole dargestellt werden. Auch im Alltag nehmen sich Männer und Frauen oftmals als gegen-

WER WUNDERT SICH DARÜBER, DASS ER MÄNNLICH ODER WEIBLICH IST?

Identität

sätzlich wahr. So ist ein muskulöser Mann mit tiefer Stimme und selbstbewusstem Auftreten in unserer Kultur die Verkörperung von Männlichkeit schlechthin. Im Gegensatz dazu steht eine zierliche Frau mit einer zugewandten, kommunikationsfreudigen Art für typische Weiblichkeit. Hat eine Person sehr starke Eigenschaften von beiden Geschlechtern, verwirrt das unsere Wahrnehmung, weil wir sie nicht wie gewohnt auf den ersten Blick einordnen können.

Was auch immer das Geschlecht über uns aussagt, die persönliche Zugehörigkeit zu einem bestimmten Geschlecht muss nicht in allen Lebensphasen gleich wichtig sein. Im Alter nimmt beispielsweise die Produktion von Geschlechtshormonen ab und die Körper von Männern und Frauen gleichen sich tendenziell an. Auch der Kräfteverschleiß und der Zerfallsprozess des Körpers betreffen alle Geschlechter. Für die Identität und das Zugehörigkeitsgefühl treten vielleicht andere Faktoren, wie die berufliche Laufbahn, die Familie oder langjährig gepflegte Hobbys stärker in den Vordergrund. Ist der Unterschied zwischen den Geschlechtern also womöglich auch eine Frage des Alters?

Wenn man über sich und sein Geschlecht nachdenkt, dann geht es um Freiheit und Spielraum, unabhängig von der biologischen Festlegung auf ein Geschlecht. Denn man kann sich ja fragen, warum wir überhaupt so stark zwischen Männern und Frauen unterscheiden. Wieso ist das Kriterium männlich oder weiblich so wichtig und weshalb unterteilen wir beispielsweise nicht in blonde und dunkelhaarige Menschen? Sagt das Geschlecht etwas über uns aus?

In Natura

NINA MEISCHEN

Im Büro

KIM SALMON

»Feigenblätter, Lendenschurze, Unterwäsche, Fensterläden, Duschvorhänge, Toilettentüren und dieser Filter in japanischen Pornos, der automatisch alles verpixelt, was er für Penisse hält ...«

Mein Kollege Mario trägt Kopfhörer. Ich winke ihm, bis er aufschaut. Er nimmt die Kopfhörer ab. »Hast du was gesagt?«

»Ist dir mal aufgefallen, wie viele Erfindungen wir nur gemacht haben, um unsere Geschlechtsteile voreinander zu verstecken?«

Er zieht die Nase kraus. »Wie kommst du gerade darauf?«

»Siehst du? Das meine ich.«

»Was?«

»Schon die Erwähnung von Geschlechtsteilen im Büro schockiert dich, weil sie etwas so unglaublich Privates sind.«

Mario kichert. »Was?«, frage ich.

29

»*Geschlechtsteile im Büro* wäre auch ein guter Name für eine Band«, meint er.

»Na, ich weiß ja nicht«, sage ich. »Aber weißt du, was ich komisch finde? Ich würde nie sagen: *Hallo Mario, ich weiß, dass du einen Penis hast.* Aber wenn ich dich gar nicht kennen würde, dann würde ich sagen: *Hallo Herr Strecker.* Und das sagt doch quasi dasselbe.«

Mario blickt mich einen Moment lang fragend an, dann geht ihm ein Licht auf. »Hast du wieder so eine Mail bekommen?«

Wortlos drehe ich ihm meinen Bildschirm zu. In der Tat habe ich heute nicht eine, sondern gleich zwei der E-Mails bekommen, die ich so häufig bekomme, dass man jede davon durchaus als so eine Mail bezeichnen kann. Ich wage zu sagen, dass bisher jede zweite Mail so eine ist.

»Um fair zu sein – woher sollen die Leute auch wissen, ob du Herr oder Frau Mika Lenz bist?«, sagt Mario. Das stimmt. Im Internet stehe ich als *Kontakt,* was schließlich weder Herr Kontakter noch Frau Kontakterin ist. Mario ist auch Kontakt.

Kontakt: Mario Strecker, Mika Lenz. Er bekommt nie die falsche Anrede.

»Ich bin ja auch gar nicht sauer auf die Leute«, sage ich. »Die können ja nichts dafür, dass sie überhaupt von einem Geschlecht ausgehen müssen, nur, um schriftlich mit mir zu kommunizieren ...«

Marios hochgezogene Augenbrauen schneiden mir das Wort ab. »Du klingst enthusiastisch, aber du siehst sehr genervt aus.«

»Was soll ich machen, Mario?«

»Korrigier sie doch. *PS: Im Übrigen liegt ein kleines Missverständnis vor, ich bin keinesfalls ...*«

Ich lasse ihn nicht ausreden. »Bist du wahnsinnig? *PS: Im Übrigen liegt ein kleines Missverständnis vor, ich habe gar nicht die Sorte von Genitalien, die Sie sich vorstellen.* Soll ich etwa noch ein Foto davon anhängen?«

»Jetzt reg dich wieder ab, Mika.«

»*Was, Sie haben gar nicht an meine Geschlechtsteile gedacht?* Haha, jetzt schon!«

Mein Kollege starrt mich über den Schreibtisch an.
Einen Moment lang herrscht Stille. »Ich kriege das
Bild nie wieder aus dem Kopf«, sagt er dann.

Ich schlucke. »Tut mir leid. Ich erwähne nie wieder
meine Geschlechtsteile im Büro.«

»Eine Trash-Metal-Satire-Band«, sagt Mario. »Ich
kann mir das auf einem T-Shirt vorstellen.«

»Würde ich nicht anziehen«, sage ich. »Das wäre
ziemlich peinlich.« Kaum hat das letzte Wort
meine Zunge verlassen, kann ich hören, wie es in
meinem Hinterkopf leise *Pling* macht. »Ich habe
einen eindeutigen Zweitnamen«, sage ich.

»Na also«, sagt Mario. »Unterschreib E-Mails
damit, Problem gelöst. Wie heißt du denn weiter?«

Ich überlege. »Weißt du was?«, sage ich dann. »So
wichtig ist es mir dann doch wieder nicht.«

UMFELD

Bin ich ein Produkt äußerer Einflüsse?

MAN SUCHT SICH NICHT AUS,
WIE MAN AUFWÄCHST

Jeder kennt so jemanden: Menschen, die superselbstbeherrscht sind und sich fast immer im Griff haben. Andere regen sich über jede Kleinigkeit auf und können ihren Ärger nur schlecht kontrollieren. Menschen haben unterschiedliche Fähigkeiten, aber warum ist das so? Zunächst liegt es wohl daran, dass wir alle mit unterschiedlichen Voraussetzungen auf die Welt kommen. Gerade Konzentration und Selbstbeherrschung müssen jedoch erlernt werden. Klar, manchen fällt es leichter, aber Konzentration kann man trainieren und verbessern. So ist es nicht nur mit Fähigkeiten, sondern auch mit bestimmten Verhaltensweisen. Was spielt in der persönlichen Entwicklung die größere Rolle: das, was angeboren ist, oder das, was man selbst und andere tun?

Die meisten Forscher sind sich heute einig, dass das Verhältnis ungefähr fünfzig zu fünfzig Prozent ist. Unser Verhalten würde demnach zur Hälfte von der Genetik, also unseren biologischen Erbanlagen, und zur Hälfte von sozialen Einflüssen bestimmt. Beides können wir uns nicht aussuchen! Weder können wir unsere genetischen Anlagen wählen noch die sozialen Einflüsse, denen wir in den ersten Jahren unserer Entwicklung ausgesetzt sind. Jeder Mensch wird in ein Land, in eine Kultur mit oder ohne Religion und in eine bestimmte Familie hineingeboren. Und noch bevor wir auch nur ein Wort sagen können, wirkt unsere Umwelt auf uns ein. Das beginnt schon vor der Geburt im Mutterleib: Hat eine Mutter zum Beispiel viel Stress während ihrer Schwangerschaft, kann dies die Entwicklung des Gehirns und des Immunsystems des Ungeborenen so verändern, dass das Kind später im Durchschnitt krankheitsanfälliger ist als Kinder, die weniger Stress ausgesetzt waren.

Als Babys sind wir auf die Zuneigung und Fürsorge der Eltern angewiesen. Weil das eigene Überleben von den Menschen abhängt, mit denen man aufwächst, passt man sich als Baby seinen Bezugspersonen an. Man orientiert sich daran, was sie einem vormachen, und reagiert auch auf das, was ihnen gefällt oder was sie nicht mögen. Um eine enge Bindung aufzubauen, entwickeln wir bereits als Säuglinge eine Vorliebe für die Stimmen und Gesichter unserer Eltern. Die wichtigste Grundlage für die ersten Bindungserfahrungen in der Familie ist ein Gefühl der Vertrautheit, denn jeder Säugling kann bereits Vertrautes und Fremdes auseinanderhalten. Wir entwickeln eine Vorliebe für das, was uns bekannt vorkommt. Dieses Verhaltensmuster findet man bei allen Menschen (bei den Tieren übrigens auch). Aus dieser Vorliebe für Vertrautheit entsteht unsere frühkindliche Anhänglichkeit: Als Säuglinge identifizieren wir uns mit unseren Eltern. Noch bevor wir ein konkretes Ich-Bewusstsein entwickeln, unterscheiden wir zwischen einem vertrauten »wir« und den fremden »anderen«.

35

BEREITS SÄUGLINGE BEVORZUGEN DAS, WAS IHNEN VERTRAUT IST.

Obwohl wir als Säuglinge nicht in den Kategorien »männlich« und »weiblich« denken, bekommen wir die Unterscheidung indirekt vermittelt, vor allem über das Geschlecht der Eltern und anderer Menschen aus dem direkten Umfeld. Das Gleiche gilt zum Beispiel für die Hautfarbe: Gesichter in der Hautfarbe, die wir als Babys am häufigsten sehen, können wir besser wiedererkennen und lesen. »Schwarz«, »weiß«, »männlich«, »weiblich«: Mithilfe solcher Unterscheidungen lernen

Umfeld

Kleinkinder intuitiv, wer zur eigenen Gruppe gehört und wer nicht. Mit ihnen ziehen wir die Grenzen zwischen »wir« und »andere« und verinnerlichen diese Einteilungen zu einem frühen Zeitpunkt unserer Entwicklung.

Wie sehr sich die meisten Kinder von ihrer Geschlechtszugehörigkeit beeinflussen lassen, haben Forscher mit folgendem Experiment gezeigt: Dreijährige Jungen und Mädchen wurden vor einen Videomonitor gesetzt, auf dem nacheinander das Gesicht eines Jungen und das Gesicht eines Mädchens zu sehen waren. Sowohl das Mädchen als auch der Junge hatten einen Gegenstand bei sich, den die Zuschauer und Zuschauerinnen zum ersten Mal sahen. Der Junge auf dem Monitor stellte sich mit dem Namen Ben vor und sagte: »Ich mag Spudel. Spudel sind mein Lieblingsessen!« Das Mädchen stellte sich mit dem Namen Betsy vor und sagte daraufhin: »Ich mag Blickets. Blickets sind mein Lieblingsessen!« Im Anschluss wurden die dreijährigen Jungen und Mädchen gefragt, was sie lieber essen würden. Sie sollten sich zwischen Spudel und Blickets entscheiden. Das Ergebnis war, dass 65 Prozent der Jungen Spudel wählten, die Ben bei sich hatte. Und 85 Prozent der Mädchen entschieden sich für die Blickets, die zuvor das Mädchen im Video bei sich trug. Die dreijährigen Kinder orientierten sich offenbar am Geschlecht der anderen Kinder, um sich für einen der Gegenstände zu entscheiden. Was in diesem Experiment am Beispiel von Essen gezeigt wurde, könnte man wahrscheinlich genauso mit Spielzeugen und Kleidern machen.

36

GRUPPENBILDER FUNTIONIERT NACH DEM PRINZIP: WIR GEGEN DIE ANDEREN.

In seiner späteren Entwicklung erfährt ein Kind dann noch, wo es geboren wurde, zu welcher Schicht es gehört und wie arm oder reich es ist. Man ist also nicht nur Teil einer Gruppe, sondern gehört mehreren gesellschaftlichen Gruppen an, die sich überschneiden und berühren. Unsere individuellen Eigenschaften sind immer auch Eigenschaften, die »uns« als Gruppe ausmachen und die uns von »anderen« Gruppen unterscheiden. Eine Frau, die Maschinenbau studiert hat, gehört in ihrer Berufsgruppe zu einer Minderheit, weil überwiegend Männer dieses Fach wählen. Ist diese Frau aber weiß und in Deutschland geboren, wäre sie in Deutschland gleichzeitig Teil einer Mehrheit (weiße Frauen). Man kann also Teil einer Minderheit sein und gleichzeitig einer Mehrheit (z. B. weiße Männer und Frauen) angehören. Studien belegen, dass Gruppenidentitäten uns in unserem Selbstverständnis, in unserem Geschmack und in unseren Entscheidungen beeinflussen.

WELCHE ROLLE SPIELE ICH?

»Wir alle spielen Theater«, sagte Erving Goffman, ein kanadischer Soziologe, der sich mit der Frage beschäftigte, wie wir uns in unserem Alltag inszenieren. Selbstinszenierung meint hier, dass jeder tagtäglich unterschiedliche Rollen einnimmt. Ob privat oder öffentlich, für jede Bühne gibt es eigene Regeln, die zwar nirgends auf- oder festgeschrieben, aber trotzdem verbindlich sind. In der Schule verhält man sich anders als zu Hause, unter Freunden anders als mit Fremden. Selbst im Urlaub verändern manche Menschen ihr Verhalten und spielen plötzlich eine Rolle, die man sonst eher nicht von ihnen kennt. Einer schüchternen Person begegnet man anders als einer Person, die gern viel redet. Bei Freunden, die weniger Geld haben als man selbst, findet man sich in einer anderen Rolle als bei Freunden, die mehr haben. Je nach Situation und äußeren Umständen passen wir unser Verhalten an.

Das Bild des Rollenspiels lässt sich auch auf das Verhalten von Menschen mit unterschiedlichen Geschlechtern anwenden. Wie Goffman glauben viele andere Soziologen, dass wir unser Geschlecht in unseren sozialen Rollen permanent darstellen und damit auch reproduzieren. Die Reproduktion ist ein wichtiges Stichwort bei diesem Thema. Dieses Prinzip lässt sich am besten mit dem menschlichen Lernverhalten veranschaulichen, denn Menschen lernen, indem sie etwas wiederholen. Wir bekommen etwas gezeigt, was wir wiederholen und damit wieder anderen vorleben. Das fängt bei der Sprache an und hört beim Verhalten auf. Indem wir etwas immer wieder tun, bestätigen uns immer wieder gegenseitig in unseren sozialen Rollen.

Weil das Geschlecht eine grundlegende Kategorie ist, die wir bereits als Kleinkinder verinnerlichen, sind unsere sozialen Rollen oftmals stark mit unserem Geschlecht verbunden. Bei dieser Verinnerlichung sind auch die Eltern beteiligt, wenn sie beispielsweise ihre Töchter und Söhne unterschiedlich behandeln und erziehen. Das spiegelt sich bereits in kleinen Dingen wie im Taschengeld, das man von den Eltern erhält. Tatsächlich bekommen Jungen nämlich meist etwas mehr als Mädchen. Oft gibt es aber auch Unterschiede darin, wie Eltern das Verhalten ihrer Kinder bewerten. Wenn sich ein Mädchen über etwas aufregt, dann heißt es vielleicht, dass es mal wie-

SOZIALE ROLLEN LERNT MAN, INDEM MAN SIE WIEDERHOLT.

der Ärger macht (Mädchen sind brav!). Bei einem Jungen würde das gleiche Verhalten so ausgelegt, dass er einen starken Willen hat (Jungs sind wild!). Manche Studien legen nahe, dass Mütter dazu tendieren, ihre Söhne eher Grenzen austesten zu lassen und ihren Töchtern Grenzen aufzuzeigen. So wird das gleiche Verhalten im einen Fall als okay und im anderen Fall als problematisch bewertet. Selbstverständlich prägen die Eltern ihre Kinder damit und festigen so auch ein bestimmtes Rollenverhalten, das wir in unserer Gesellschaft immer noch Männern und Frauen zuschreiben.

WIR DEFINIEREN UNS ÜBER DIE ZUGEHÖRIGKEIT ZU UND DIE ABGRENZUNG VON GRUPPEN.

Für die sozialen Rollen, die wir in unserem Alltag einnehmen, gibt es im eigenen Umfeld eine Vielzahl von Menschen, an denen wir uns orientieren. Es macht zum Beispiel einen Unterschied, ob man mit Geschwistern aufwächst oder ohne, ob man Brüder, Schwestern oder beides hat und ob sie jünger oder älter sind. Auch Stars und Personen aus der Öffentlichkeit, mit denen wir uns mehr oder weniger identifizieren, dienen als Vorbilder und beeinflussen das eigene Rollenverhalten. Dabei gibt es selbstverständlich nicht nur positive Vorbilder, sondern auch negative, die abschrecken und von denen man denkt, dass man nie so werden will wie sie.

Wenn man sein eigenes Rollenverständnis entwickelt, strebt man entweder danach, sich anzupassen, oder aber man will sich von anderen Gruppen abgrenzen. Besonders in jungen Jahren vergleichen wir uns sehr stark, zum Beispiel mit unseren Mitschülern. Manchmal fühlt man sich von anderen Gruppen ausgeschlossen, wenn es beispielsweise darum geht, Mar-

39

kenartikel zu besitzen, einem Aussehen zu entsprechen oder ein bestimmtes Wissen zu haben. Wenn man nicht mitreden kann, weil man zum Beispiel bei einem Konzert oder einer Party nicht dabei war, fühlt man sich ausgegrenzt. All diese Unterschiede in dem, was wir haben, können und tun, spiegeln sich im eigenen Selbstverständnis wider.

VERHALTEN WIR UNS STEREOTYPISCH?

Was haben Autos, Mode, Essen und Kosmetik gemeinsam? Es sind Konsum- und Lifestyleprodukte, die es jeweils in unterschiedlichen Ausführungen für Männer und für Frauen gibt. Es gibt kaum eine Konsumbranche, in der nicht nach Geschlecht eingeteilt wird. Wer bestellt ein Schnitzel und wer riecht nach Duschgel mit Kokosnussaroma? Wer fährt einen tiefer gelegten Sportwagen und wer isst abends einen Salat? Die Geschlechterstereotype unserer Gesellschaft reichen so weit, dass es sogar typisch weibliche und männliche Farben, Formen, Sportarten und Spielzeuge gibt. Puppen und Pferde für Mädchen, Dinosaurier und Feuerwehrmänner für Jungen. Allein diese Sortierung von Spielzeugen nach Geschlecht zeigt ganz gut, was Stereotype sind.

Bei dieser Einteilung wird mehr oder weniger vorausgesetzt, dass gewisse Merkmale naturgemäß zum jeweiligen Geschlecht gehören. Jeder entwickelt und übernimmt solche Vorstellungen und verinnerlicht damit Regeln, nach denen sich Menschen eines Geschlechts typischerweise verhalten. Mädchen sind fürsorglich, Jungen lieben Abenteuer, Frauen achten auf ihre Figur und mögen süße Düfte, Männer essen gern Fleisch und haben eine Schwäche für schnelle Autos. Eine derart vereinfachte und verallgemeinerte Beschreibung einer ganzen Personengruppe, nennt man stereotypisch. Wir alle haben solche festen Bilder von Personengruppen im Kopf, die uns im Alltag in unserem Handeln beeinflussen. Stereotype leiten auch unsere Wahrnehmung, indem sie uns vorgeben, was normal und erlaubt ist und was nicht.

Die Frage, ob Stereotype und Geschlechterklischees die Realität abbilden, ist sowohl wissenschaftlich als auch gesellschaftlich höchst umstritten. Einige behaupten, dass in jedem Geschlechterklischee auch ein Körnchen Wahrheit steckt. Andere wiederum betonen, dass dieses Körnchen Wahrheit gesellschaftlich gemacht ist, also erst Realität wird, weil wir stereotypische Vorstellungen verinnerlichen und dann danach handeln. Einigkeit herrscht allerdings in dem Punkt, dass Stereotype auf überspitzte Weise darstellen, wie sich Geschlechter verhalten und welche Eigenschaften sie typischerweise haben. Stereotype sind also Verallgemeinerungen und Übertreibungen, die allen Mitgliedern eines Geschlechts die gleichen Merkmale zuschreiben. Mögliche Unterschiede zwischen einzelnen Personen innerhalb einer Gruppe werden

GESCHLECHTS-
VORSTELLUNGEN
BEEINFLUSSEN
UNSER HANDELN.

damit vernachlässigt. Wer packt Geschenke liebevoll ein? Und wer repariert den Abfluss? Stereotype sind nicht auf negative Merkmale beschränkt, sondern umfassen auch positive Aspekte. Auch wenn Stereotype per se nichts Schlechtes sind, können sie im eigenen Leben einschränkend wirken.

So hat man zum Beispiel getestet, wie sich stereotypische Vorstellungen von Geschlechterrollen auf die persönliche Selbsteinschätzung auswirken. Man wollte wissen, ob das Selbstbild

Umfeld

von Mädchen einen Einfluss darauf hat, wie sie in einem Mathetest abschneiden. Dafür teilte man die Studienteilnehmerinnen in zwei Gruppen ein und ließ sie den gleichen Mathetest machen. Die eine Gruppe ließ man ganz normal arbeiten. Die andere Gruppe machte man vor dem Test auf ihr Geschlecht aufmerksam, indem man den Teilnehmerinnen eine weibliche Mangafigur vorlegte und sie aufforderte, dieser Figur weibliche Eigenschaften zuzuordnen. Diese zweite Gruppe schnitt im Mathetest schlechter ab. Daraus kann man folgern, dass ihre Leistung allein durch eine Erinnerung an ihr Geschlecht und die damit verbundenen stereotypischen Vorstellungen negativ beeinflusst wurde. Man vermutet, dass stereotypische Vorstellungen (z.B. »Mädchen sind schlecht in Mathe« oder »Mathe ist ein Jungenfach«) sogar eine Auswirkung haben können, wenn man persönlich gar nicht daran glaubt.

Und was ist mit dem Stereotyp »Jungen weinen nicht« – angeboren oder erlernt? Für die meisten Jungen ist es selbstverständlich, dass sie ab einem gewissen Alter ihre Männlichkeit unter Beweis stellen. Dabei kann ein regelrechter Wettbewerb entstehen, in dem man sich gegenseitig beeindruckt und überbietet. Das kulturelle Ideal besteht darin, besonders cool und hart zu wirken. Wird man beispielsweise im Sport als Letzter in eine Gruppe gewählt, gehört man wahrscheinlich nicht zur Gruppe der männlichen Jungen. Unter dem Konkurrenz- und Beweisdruck werden manche Jungen in ihrer Entwicklung eingeschränkt, weil Eigenschaften und soziale Rollen, die nicht dem Männlichkeitsideal entsprechen, ausgegrenzt und abgewertet werden.

STEREOTYPE SIND ÜBERTREIBUNGEN.

Untersuchungen in schwedischen Kitas deuten darauf hin, dass Kinder zwar zwischen den Geschlechtern unterscheiden, ihnen aber keine »typischen« Eigenschaften mehr zuordnen, wenn sie geschlechtsneutral erzogen werden. In der geschlechtsneutralen Erziehung gibt es ein paar einfache Grundsätze, die für alle Geschlechter gleichermaßen gelten: Jeder darf mit allen Spielzeugen spielen und jeder darf im Spiel die soziale Rolle einnehmen, die er sich aussuchen möchte. Man kann einseitige Geschlechterklischees auch dadurch vermeiden, dass man Spielzeug mit männlichen und weiblichen Eigenschaften ausstattet, zum Beispiel einen Ballett tanzenden Roboter oder einen Lkw, der mit Perlenketten beladen ist.

43

WER WIRD WIE DARGESTELLT?

Bei der Wirkung von Stereotypen muss man zwischen zwei Ebenen unterscheiden: Es gibt die individuelle Ebene im alltäglichen Umgang miteinander und es gibt eine gesellschaftliche Ebene. Gesellschaftliche Strukturen wirken dabei auf die individuelle Ebene ein, indem sie beispielsweise einen Bewertungsmaßstab vorgeben. Die Schule ist ein gutes Beispiel für einen Ort, an dem gesellschaftliche Strukturen unseren Alltag und unser Miteinander prägen. Man erwartet dort zum Beispiel Lernfähigkeit, Intelligenz, Wissen und mündliche Beteiligung, die deswegen auch besonders gefördert werden. Ob jemand besonders humorvoll oder hilfsbereit ist oder schauspielerisches Talent hat, kommt bei der Bewertung nicht zur Geltung. Ob man in der Schule gut oder schlecht abschneidet, hängt also vor allem von den gesellschaftlichen Strukturen und den damit verbundenen Bewertungsmaßstäben ab, die dort gelten. Dabei spielen immer auch Geschlechtervorstellungen mit hinein, weil wir mit jedem Geschlecht verschiedene Stärken und Schwächen verbinden. In der Schule hat das Geschlecht die besseren Chancen und Voraussetzungen, das laut Stereotyp die geforderten Lern-, Konzentrations- und Denkfähigkeiten am besten erfüllt. Und das gilt eigentlich für fast alle Bereiche unserer Gesellschaft: Je nachdem, welche Fähigkeiten und Eigenschaften mit einem Geschlecht verbunden werden, ändern sich auch die eigenen Voraussetzungen, weil man unterschiedlich wahrgenommen und bewertet wird. Das heißt nicht, dass Frauen nicht Mechaniker werden und Männer nicht filigrane Motivtorten backen können, aber sie werden andere wahrscheinlich erst einmal von ihren Fähigkeiten überzeugen müssen.

In Werbung, Film und Fernsehen werden stereotype Rollenbilder unter anderem dazu genutzt, um Verkaufszahlen zu steigern. Spielzeuge und viele andere Produkte können beispielsweise in mehrfacher Ausführung verkauft werden, indem man sie für Mädchen und Jungen unterschiedlich gestaltet – und sei es nur in der Farbgebung. Auch in der medialen Berichterstattung lassen sich gesellschaftliche Strukturen erkennen,

JEDER MENSCH IST STRUKTURELLEN MECHANISMEN UNTERWORFEN.

44

durch die die Geschlechter unterschiedlich dargestellt werden. Selbst in seriösen und offiziellen Bereichen wie der Politik gibt es manchmal Unterschiede, wie man über jemanden berichtet. Bei keinem deutschen Bundeskanzler wurde so häufig das Aussehen thematisiert wie bei Angela Merkel. Natürlich haben sich Journalisten auch bei Gerhard Schröder irgendwann die Frage gestellt, ob seine Haare gefärbt sind, aber Frisur und Look scheinen bei einer weiblichen Bundeskanzlerin deutlich intensiver und öfter im Fokus zu stehen als bei einem Mann. Aussehen und Körper sind gute Anhaltspunkte, auf die man in medialen Berichterstattungen einmal gezielt achten kann: Bei wem werden Aussehen und Körper thematisiert? Und ist das im Kontext tatsächlich wichtig oder geht es eigentlich um etwas anderes? Genauso kann man hinterfragen, wenn in Meldungen die Hautfarbe oder die Herkunft von Menschen erwähnt wird. Bei einem Verbrechen verrät die Information über Hautfarbe oder Herkunft noch nichts darüber, welche Staatsbürgerschaft jemand hat oder wie lange jemand beispielsweise in Deutschland lebt.

Selbst ausgezeichnete Filme stellen die Geschlechter oft nicht gleichberechtigt dar. Personen, die nicht männlich oder weiblich sind, kommen in den seltensten Fällen selbstverständlich als Charaktere vor. Und oft werden die männlichen Charaktere komplexer gezeichnet. Ob ein Film beispielsweise seine weiblichen Charaktere als eigenständige Persönlichkeiten zeichnet, kann man ganz leicht anhand von drei Fragen überprüfen: Kommen überhaupt mindestens zwei Frauen vor, die beide einen Namen tragen, also nicht nur Statisten sind? Unterhalten sich die beiden Frauen miteinander? Und wenn sie das tun, sprechen sie dann über etwas anderes als Männer? Diesen sogenannten Bechdel-Test kann man natürlich nicht nur für Frauen machen, sondern zum Beispiel auch für Menschen aus anderen Ethnien und mit anderen Hautfarben.

Wenn diese drei Kriterien erfüllt sind, kann man sich immer noch fragen: Wer agiert emotional, wer rational? Wer treibt aktiv die Geschichte voran und wer handelt vor allem passiv? In der klassischen Heldenreise ist die Frau oft nur der Anlass für den Helden, sich weiterzuentwickeln und

MEDIEN ZEIGEN OFTMALS STEREOTYPISCHE DARSTELLUNGEN VON GESCHLECHTERN.

Gefahren zu bestehen. Diese »Männlicher Held muss Prinzessin retten«-Konstruktion findet man in vielen Unterhaltungsfilmen oder auch in Videospielen, in denen der Spieler als Held ein einfaches Ziel braucht, das seine Handlung motiviert.

Weil unsere Geschlechterrollen seit Jahrtausenden erlernt sind, prägen sie auch heute noch unsere Gesellschaft und Kultur. Jedoch bestimmt das Geschlecht heute nicht mehr automatisch die Rolle, die man im beruflichen und privaten Leben einnehmen soll. Noch vor 100 Jahren waren für jedes Geschlecht klare Verhaltensweisen festgelegt und soziale Rollen innerhalb der Gesellschaft vorgegeben. Lange Zeit hatten Frauen beispielsweise kaum Zugang zu Bildung und insgesamt weniger Rechte als Männer. Als Folge politischer Bewegungen, die sich für die Gleichberechtigung von Mann und Frau starkgemacht haben, haben sich auch die gesellschaftlichen Rollenbilder gewandelt.

Selbstverständlich denken wir weiterhin in den Kategorien »Geschlecht«, »Hautfarbe« und »Herkunft«. Auch man selbst wird immer wieder an stereotypen Vorstellungen gemessen. Aber durch diese Kategorien ist in Deutschland weder rechtlich noch gesellschaftlich festgelegt, wie man sein Leben gestaltet. In den letzten 50 Jahren ist die klassische Rollenaufteilung durch weitere Rollenbilder und Geschlechter ergänzt worden. Dabei bekommen nicht nur Männer und Frauen neue Handlungsmöglichkeiten und Freiheiten, sondern auch Menschen, die sich in dem Zweigeschlechtermodell nicht wiederfinden.

KARLOTTA FREIER

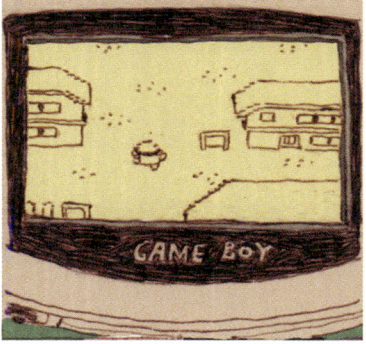
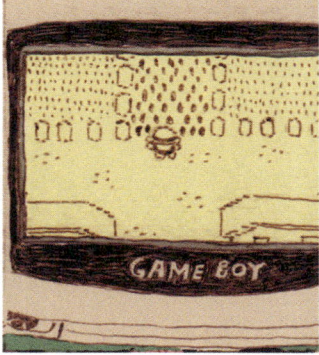

Sechs / Vierzehn

MERLIN KRZEMIEN

Sechs.

In der kleinen Schulkapelle stehen die Erstklässler auf den Stufen zum Altar, in drei Reihen, die Mädchen vorne, hinten die Jungs. Sie halten Schultüten in den Händen. Manche grinsen, andere sind unkonzentriert, ein Junge hat einen Goldstecker im linken Ohrläppchen. Manche kennen sich aus dem Kindergarten, andere Gesichter sind neu. Die Mädchen stecken in Stoffkleidchen mit langen Oberteilen darunter, die Jungs tragen karierte Hemden, ausnahmslos nicht in die Hose gesteckt, einer einen Cordanzug, ein anderer einen Pullunder. Ein Mädchen hat Turnschuhe, die blinken, wenn sie auftritt. Die alte Lehrerin steht am linken Rand, sie lächelt, braun gebrannt von den Sommerferien. Ihre dunkelrot gefärbten Haare vermitteln Sicherheit.

Sieben.

Dennis ist ein selbstbewusster Typ, aber im Sport fühlt er sich unwohl. Seine T-Shirts sind ihm zu eng und er hat nie Fußball gespielt. Er ist klüger als viele andere und besonders Elmar nimmt ihm das auf dem Spielfeld übel. Es ist seltsam, denn sonst verstehen sich die beiden, Dennis war sogar schon bei ihm daheim. Aber Elmars Eltern gefällt nicht, dass Dennis' Familie erst vor Kurzem ins

Dorf gezogen und seine Mutter Hauptverdienerin
ist. Elmar versteht nicht ganz, was sie meinen, aber
seine Eltern werden schon recht haben. Im Klas-
senzimmer ist Dennis der König, in der Turnhalle
herrscht Elmar. Was dazwischen ist, wissen beide
noch nicht so richtig.

Acht.

Auf der Klassenfahrt im Wald herrschen klare
Regeln. Sobald es aus der Herberge ins Freie geht,
finden sie sich in Paaren zusammen, die vorher
bestimmt wurden: Jeder trägt eine Nummer,
eins geht zu zwei, und es treffen sich immer ein
Junge und ein Mädchen. Das finden alle doof. Die
Mädchen sind viel zu langsam, finden die Jungs,
den Mädchen sind die Jungs zu grob. Nur nicht
Juliane, obwohl ihr Partner Martin ist, der größte
Junge der Klasse. Juliane und Martin sind sich
ebenbürtig und, das erzählt Lara, auch insgeheim
verliebt. Juliane weiß nicht so recht, was das
bedeuten soll, aber sie hat Martin gern und küsst
ihn abseits von den anderen auf die Wange. Luise
ist übrig, weil sie Diabetikerin ist, und muss mit
der Lehrerin laufen. Auf der Wanderung bestau-
nen sie Eichhörnchen, und ein Kind zertritt einen
Frosch.

Neun.

Links ist cool, rechts ist schwul. Deshalb ist
Theos Ohrring okay, der von Mark aber nicht.
Mark macht sich ernstlich Sorgen, bisher war der
Stecker nie ein Problem gewesen. Hat er sich all
die Jahre geirrt? Sein großer Bruder beunruhigt
ihn weiter: Links cool, rechts schwul. War schon
immer so. Mark ist sich nicht sicher, was das
bedeutet, aber er hört auf, ihn zu tragen. Seine
Mutter ist sauer, denn sie denkt, er hätte ihn ver-
loren. Die Mädchen sind so schlimm wie die Jungs
und er entscheidet sich, in Zukunft zu laufen und
nicht mehr den Bus nach Hause zu nehmen. Zwei
Monate später ist er der Erste in der Klasse, der
von einem Mädchen geküsst wird. Das Mädchen
ist seltsam, aber definitiv ein Mädchen. Da vergessen die anderen Kinder den Ohrring wieder.

Zehn.

Lara und Lea sind Zwillinge und herrschen über
den Schulhof. Sie sind klein und zierlich, aber
gemeinsam sind sie klüger als der Rest und
machen den Mund sehr weit auf. Am Gerüst
stehen sie gerne in einer Traube und halten
Vorträge über das Wesen der Welt. Tilde kann die
beiden nicht leiden, aber den Mädchen ist nichts
anzuhaben. Tilde ärgert das ungemein. Sie findet

es nicht richtig und lässt sich oft über die beiden
bei ihren Eltern aus. Am Dienstag fällt ein Junge
vom Gerüst, er bricht sich nichts, sieht aber ulkig
dabei aus. Lea animiert die Glucken, zu gackern,
Tilde hat genug, sie haut Lea auf die Nase. Es gibt
Nachsitzen, aber sogar die Lehrerin hat Respekt.

Elf.

Am Ende der vierten Klasse geben die Kinder ein
Abschiedskonzert. Sie singen »I Have a Dream«,
in einer furchtbaren Version, die eine Lehrerin
geschrieben hat. Sie spielen Theater, und Elmar
sagt seine Sätze holpernd, ist aber trotzdem der
Star des Abends. Ein Mädchen trägt schon Schuhe
mit Absätzen. Die Eltern sind so traurig wie ihre
Kinder. Die Kinder verstehen, dass jetzt zum
ersten Mal etwas Neues anfängt. Juliane ist die
Klassenbeste, danach kommt Dennis. Manche
werden auf dieselbe Schule gehen, andere sich
zumindest in Vereinen wiedertreffen. Die gebräun-
te Klassenlehrerin wird pensioniert.

Zwölf.

Wahrheit oder Pflicht. Luise steht auf Martin.
Martin steht auf Marie. Tildes größte Furcht
ist, schwanger zu werden, und Theo ist zu feige,
mitzuspielen. Marie muss ihr Oberteil ausziehen,

aber sie will nur, wenn jemand mitmacht, also zieht auch Martin das T-Shirt aus. Theo sagt, das mit Maries Unterhemd sei unfair, und Tilde sagt, er solle sich ins Knie ficken. Martin küsst Marie und Luise. Marie schmeckt besser, findet er, und beide sind irgendwie warm und feucht. Theo kriegt einen Ständer und wünscht sich, er wäre mutiger.

Dreizehn.

Zwei Jungs stehen mit einem Maßband vor einem Spiegel und untersuchen sich auf Unregelmäßigkeiten. Der Blonde hat eine breitere Brust und einen größeren Bizeps, beim Braunhaarigen sieht man die Haare unter den Achseln schon besser. Sie sind beste Freunde, mit einem anderen wäre es beiden peinlich. Die Mädchen verbringen immer mehr Zeit in der Unterwäscheabteilung und probieren Bustiers an, ohne welche zu kaufen. Die Hälfte hatte schon ihre erste Periode. Alle bekommen Pickel, außer Theo, der ist glücklich.

Vierzehn.

Marie hat zum ersten Mal Sex mit ihrem Freund. Er ist drei Jahre älter und sehr sanft mit ihr, es tut nicht so weh, wie sie gedacht hatte. Mark raucht Gras. Juliane wünscht sich, sie wäre kleiner, sodass sie beim Tanzen nicht immer den Herrn

geben müsste. Lea weiß, dass sie auf Mädchen
steht, knutscht aber bei Partys mit Typen rum, die
Lederjacken tragen. Dennis hat angefangen zu
schreiben und versteht, dass man in ihrem Alter
gar nicht anders kann als Klischee sein. Er entscheidet sich, anders zu sein, und kauft sich deshalb einen Schal. Elmars Mutter stirbt an Krebs,
und seine Freunde können ihn nicht trösten. Tilde
besucht ihren großen Bruder in London, und der
wundert sich, wie schwierig früher doch alles war.

KÖRPER

Wie verhalte ich mich?

WAS IST EIGENTLICH DER KÖRPER?

Der Körper hat eine bestimmte Größe und ein messbares Gewicht. Er atmet, zuckt, isst, geht und hat meist eine Eigentemperatur von 37 Grad Celsius. Innendrin schlägt das Herz, das jeden Tag viele Liter Blut durch die Adern pumpt. Herz-Kreislauf-System nennen die Ärzte das, Blutdruck und Herzfrequenz. So könnte man den Körper als Objekt beschreiben.

Lange Zeit war es ein Tabu, den Körper wie einen Gegenstand zu behandeln. Bis Ende des 15. Jahrhunderts war es in Europa zum Beispiel nicht erlaubt, tote Körper für medizinische Forschungszwecke aufzuschneiden. Heimlich haben Ärzte damals Leichen wieder ausgegraben und untersucht. Sie wollten wissen, wie es in einem Körper aussieht, denn die modernen technischen Möglichkeiten, um in einen Körper hineinzuschauen, gab es noch nicht. Heute werden Medizinstudierende mit toten Körpern unterrichtet, damit sie den Körperaufbau des Menschen besser verstehen.

Wir sind es gewohnt, unseren Körper als Objekt wahrzunehmen: Wir betrachten uns im Spiegel, wenden der Kamera unsere Schokoladenseite zu und lassen den Arzt bei einer Erkältung in unseren Rachen oder unsere Ohren gucken. Allerdings können wir unseren Körper nicht so ganzheitlich und unvoreingenommen betrachten wie andere Gegenstände. Woran das liegt? Uns fehlt der Abstand zum eigenen Körper. Wenn man versucht, seinen Körper zu beschreiben, fällt einem zunächst auf, dass man ihn gar nicht vollständig betrachten kann. Ich sehe immer nur Ausschnitte, und um mich zum Beispiel von

60

WIR BEHANDELN UNSEREN KÖRPER WIE EINEN GEGENSTAND.

hinten zu sehen, muss ich einen Spiegel zu Hilfe nehmen. Selbst mit einem Spiegel oder einer Kamera ist es allerdings schwierig, mir ein Bild von meinem gesamten Körper zu machen. Einerseits liegt das natürlich daran, dass ich in meinem Körper stecke und nicht tatsächlich von außen auf ihn schauen kann. Andererseits ist mein Körper mit zahlreichen Bewertungen und Gefühlen verbunden. Denn hat nicht jeder unwillkürlich bestimmte Gedanken und Gefühle, die die eigene Körperwahrnehmung färben? Sieht man an einem sonnigen Samstagnachmittag anders aus als an einem grauen Montagmorgen?

Wenn man seinen Körper betrachtet, ist man gleichzeitig Betrachter und Gegenstand der Betrachtung. Einen Körper haben und ein Körper sein – so fasste der Philosoph Edmund Husserl den Unterschied zwischen Innen- und Außenperspektive zusammen. Beim Haben erlebe ich den Körper als Objekt, und beim Sein erfahre ich mich selbst als dieser Körper. Das Körpersein bezeichnete Edmund Husserl daher auch als leibliche Erfahrung. Im Alltag denkt man darüber oft gar nicht nach. Die meisten körperlichen Bewegungen wie Gehen, Fahrradfahren und Zähneputzen laufen ganz automatisch ab. Solange ich keine Schmerzen habe oder eine neue Bewegung erlerne, wie beispielsweise bei einer neuen Sportart, bleibt die Wahrnehmung meines Körpers im Hintergrund.

Wenn man sich bewusst mit dem eigenen Körper beschäftigt, gibt es also zwei verschiedene Möglichkeiten, ihn wahrzunehmen: Man kann versuchen, den Körper möglichst neutral von außen zu betrachten wie einen Gegenstand. Oder man kann den Körper fühlen und unterscheidet dann nicht mehr zwischen Körper und Erleben.

61

MAN HAT EINEN KÖRPER UND MAN IST EIN KÖRPER.

BLOSS WEG VON DER NATUR?

Seitdem es menschliche Kulturen gibt, versuchen Menschen, die Natur zu zähmen und für die eigenen Bedürfnisse zu nutzen. Sie legen Felder an, holzen Wälder ab, begradigen Flüsse und bauen Brücken. Die gezielte Nutzung der Natur ermöglichte unter anderem die systematische Nahrungsmittelproduktion durch Ackerbau, die Medikamentenentwicklung und die Energiegewinnung. So gesehen ist das menschliche Streben nach Zähmung der Natur ein wichtiger Motor für die Entwicklung unserer Kultur.

Bereits vor unseren modernen Züchtungsmethoden wählten Bauern Pflanzen aus, die besonders viele oder besonders leckere Früchte trugen. Samen von Pflanzen, die besonders gut wuchsen, wurden ausgewählt, gesammelt und wieder ausgesät. So können über mehrere Pflanzengenerationen hinweg die gewünschten Eigenschaften verstärkt werden oder sogar neue Sorten entstehen. Was Bauern und Züchter früher im kleinen Rahmen machten, ist heute zu einem globalen Markt geworden, auf dem weltweit die Samen von Pflanzen als Saatgut gehandelt werden. Im 20. Jahrhundert entwickelte die chemische Industrie hochwirksame Pflanzenschutzmittel, mit denen der Lebensmittelanbau noch einmal revolutioniert werden konnte. Inzwischen plant der Mensch nicht mehr nur mit den Ressourcen der Erde, sondern denkt über die Besiedlung des Mars und künstliche Intelligenz nach, die das Überleben der Menschheit in Zukunft sichern sollen. Der Mensch verbessert also sein Leben, indem er sich die Natur zunutze macht. Dabei verändert

NATUR WIRD ALS RESSOURCE GESEHEN.

und optimiert er sie für seine Zwecke. Aber ist der Mensch nicht letztendlich selbst Teil der Natur? Sind wir nicht wie die Tiere Lebewesen, die von der Natur abhängig sind?

Man könnte meinen, dass ein Teil der menschlichen Kultur genau darin besteht, sich von den Tieren abzugrenzen. Niemand würde auf die Idee kommen, an einem Samstagnachmittag in die Einkaufspassage zu pinkeln. Genauso unterdrücken wir in bestimmten Situationen den Reflex, zu rülpsen und zu furzen. Alle körperlichen Bedürfnisse, die wir mit den Tieren teilen und denen wir uns nicht entziehen können, werden bestimmten Regeln unterworfen. Wir essen mit Besteck und halten uns beim Gähnen die Hand vor den Mund. Es scheint sich in unserer Kultur die Vorstellung durchgesetzt zu haben, dass man die eigene Natur nur in Maßen zeigen soll. Insofern bedeuten die Zähmung und Zivilisierung der Natur auch, die eigenen Triebe und biologischen Bedürfnisse zumindest zeitweise unterdrücken zu können, sei es nun Hunger, Durst, Müdigkeit oder Lust auf Sex. Der Philosoph Jean-Jacques Rousseau behauptete, es sei ein Hauptmerkmal des menschlichen Wesens, sich selbst zu vervollkommnen. Genau durch diese Eigenschaft unterscheide sich der Mensch vom Tier, meinte Rousseau.

DER MENSCH KULTIVIERT SEINE NATÜRLICHEN TRIEBE UND GEFÜHLE.

WOZU EIGENTLICH IDEALE, DIE NIEMAND GANZ ERFÜLLT?

Der Körper ist eines unserer wichtigsten Ausdrucksmittel. Das Erste, was einem an anderen Menschen auffällt, sind Körpergröße, Frisur, Kopfform und Outfit. Unser Körper ist quasi unsere Visitenkarte und wir können ihn in einem gewissen Maß gestalten, indem wir unsere Kleidung oder unserer Haarfarbe wählen. Allerdings sind wir nicht völlig frei in unserer Wahl, sondern es gibt ungeschriebene Regeln. Man muss sich selbst und anderen zeigen, dass man an sich arbeitet und als Kulturwesen seine tierische Seite beherrscht. Das bedeutet auch, das Beste aus sich herauszuholen und den Körper in eine bestimmte Form zu bringen. Es geht schlicht gesagt um Perfektion.

Man muss sich nur mal überlegen, wie viele Menschen sich regelmäßig rasieren. Man rasiert den Bart, die Beine und entfernt vielleicht sogar die Schamhaare. In allen Fällen werden Spuren des Natürlichen zensiert und der Körper wird an kulturelle Ideale angepasst. Die Ideale, nach denen Menschen ihre Körper inszenieren, ändern sich jedoch von Zeit zu Zeit und von Kultur zu Kultur. Im Europa des 17. Jahrhunderts galten Frauen mit ausgeprägten Rundungen als besonders schön. Dieses Ideal kann man auch heute noch an den Bildern des holländischen Malers Rubens nachvollziehen, der vor allem Frauen mit üppigen Körpern gemalt hat. In Thailand gehören transsexuelle Männer schon seit Langem zur Kultur. Sie schminken sich, ziehen sich an wie Frauen und werden »Ladyboys« genannt.

Die Perfektionierung des Körpers und die aktuellen Trends, wie er aussehen sollte, sind in Form der Themen Mode,

KÖRPERIDEALE ÄNDERN SICH.

Ernährung, Fitness, Make-up, Altwerden und Aussehen Dauerbrenner in den Medien. Laut einer großen Studie aus dem Jahr 2010 sind weltweit über 96 Prozent aller Frauen mit ihrem Aussehen unzufrieden, genauer gesagt, sie bezeichnen sich nicht als schön. In

SCHÖN IST NICHT GLEICH GUT.

Deutschland betrifft dies sogar 98 Prozent der Frauen. Das ist vor allem deshalb nicht unbedeutend, weil »schön« in unserer Kultur oft mit »richtig« assoziiert wird. Obwohl es bei Schönheit kein richtig und falsch gibt, werden diese Bewertungen oft vermischt. Schön ist gut, und hässlich ist schlecht. Wer sich nicht schön fühlt, ist demnach auch anfällig für das Gefühl, nicht richtig zu sein. Da nur die wenigsten Menschen die Idealvorstellungen erfüllen, muss sich jeder auf seine eigene Art und Weise damit auseinandersetzen, unvollkommen zu sein. Was daran verwundert, ist die Tatsache, dass eigentlich alle wissen, dass niemand perfekt ist. Woran liegt es, dass wir uns immer wieder Filme und Werbeanzeigen mit einem Schönheitsideal anschauen, dem die Mehrheit der Menschen gar nicht entspricht?

65

Wir können uns auch fragen, wie wichtig uns diese Ideale in unserem Alltag sind. Wer soll sie erfüllen – wir selbst oder andere? Was ist uns an Menschen, die wir gut kennen, eigentlich wichtig? Bei Freunden beispielsweise spielt es vielleicht gar keine Rolle, wie sie aussehen. Man denkt nicht darüber nach, ob die Nase zu groß oder zu klein ist, weil einem die Person so vertraut ist und man sie gern mag. Stattdessen sind uns andere Eigenschaften wichtig: dass man gemeinsam lachen oder

Körner

etwas unternehmen kann und dass sie uns unterstützen. Dagegen machen wir uns wahrscheinlich mehr Gedanken darüber, wie unsere Freunde uns beurteilen. Dabei ist es doch naheliegend, dass sie uns umgekehrt genauso wohlwollend betrachten wie wir sie. Für wen versuchen wir eigentlich diesen Idealen zu entsprechen, wenn es unsere Freunde und unsere Familie gar nicht interessiert?

Neben unserem Aussehen kultivieren wir auch unser Verhalten: Niemand zwingt uns, zu lächeln, und trotzdem zeigt man schlechte Laune, Angst oder Trauer meist nicht offen. Könnte man sich denn eine Gesellschaft vorstellen, in der alle genau das tun und sagen, was sie gerade fühlen und denken? In diesem Sinne schützt die Zivilisation uns davor, ständig der Laune anderer ausgesetzt zu sein. Trotzdem weicht jeder immer wieder vom Ideal vollkommener Zivilisiertheit ab: Man lächelt nicht genug, ist nicht freundlich genug (oder zu überfreundlich!), spricht zu laut oder ist zu einsilbig. Es ist also normal, nicht dem Ideal zu entsprechen. Obwohl dies wirklich auf jeden Menschen zutrifft, haben wir extra Bezeichnungen für Menschen, die auf scheinbar außergewöhnliche Weise nicht der kulturellen Norm entsprechen, wie zum Beispiel übergewichtige und intersexuelle Menschen, Menschen mit körperlicher oder geistiger Behinderung, aber auch Trans- und Homosexuelle. Die Ausgrenzung beginnt schon bei den umgangssprachlichen Begriffen, die es für diese Menschen gibt: Fette, Behinderte, Schwule, Lesben, Zwitter und Transen.

MAN SIEHT SICH MEIST KRITISCHER ALS ANDERE.

SOLLEN WIR UNS SCHÄMEN?

Wenn der Körper nicht dem Ideal der Kultur entspricht, ist das häufig mit dem Gefühl von Scham verbunden. Kein Tier würde sich dafür schämen, dass es schwitzt. Menschen hingegen schämen sich regelmäßig, wenn sie plötzlich anfangen zu schwitzen. (Bei großer Anstrengung und extremer Hitze kann der Körper täglich bis zu 18 Liter Schweiß produzieren!) Kaum etwas kann Menschen so peinlich berühren wie Schweiß, Mundgeruch und andere Körperflüssigkeiten wie Sperma oder Scheidensekret. Menschliche Scham beginnt beim eigenen Körper,

MENSCHEN HABEN EIN AUSGEPRÄGTES SCHAMGEFÜHL.

denn der ist ja der eindeutige Beweis für den natürlichen Ursprung des Menschen. In Situationen, in denen wir den Körper nicht vollständig unter Kontrolle haben, kann er deshalb besonders peinlich sein.

67

Viele Menschen fühlen sich unwohl, wenn sie im Supermarkt Kondome, Binden oder Tampons auf das Laufband an der Kasse legen. Merkwürdig, dass Dinge, die auf natürliche körperliche Vorgänge hindeuten, peinlich sind, oder? Denn jeder hat eine natürliche und animalische Seite in sich, aber keiner will sie zeigen. Im Gegenteil verwenden wir als Gesellschaft sehr viel Energie, Geduld und Kreativität darauf, uns vom tierischen Verhalten abzugrenzen. Tatsächlich unterscheidet sich die menschliche Kultur von Tieren auch dadurch, dass es bestimmte Tabus gibt. Nacktheit und ungezügelte Sexualität kommen vielleicht in Pornos oder in sogenannten Swinger Clubs vor, aber nicht im öffentlichen Raum. Dort ist es sogar gesetzlich verboten, sich nackt zu zeigen oder Sex zu haben.

Jeder kennt die Situation, wenn man vor anderen einen Fehler macht oder in ein Fettnäpfchen tritt. Oftmals schämt man sich dann, weil man merkt, dass man (meist unfreiwillig) eine Grenze überschritten hat. Es ist nicht nur typisch menschlich, sich zu schämen. Scham steht in einem engen Zusammenhang damit, wie gesellschaftliche Regeln und Normen funktionieren. Der Philosoph Friedrich Nietzsche behauptete sogar, dass die menschliche Moral vor allem dazu erfunden worden sei, den Menschen zu zähmen und seine wilde Natur zu zivilisieren. Nietzsche sah in der Moral ein Machtmittel, das zur Unterdrückung des Menschen eingesetzt wurde.

In der Geschichte der Menschheit hat die Zivilisierung des Menschen jedoch zwei Seiten: Disziplinierung und Bestrafung auf der einen, moralische Orientierung und gesellschaftlicher Zusammenhalt auf der anderen Seite. Die moralischen Regeln und Normen einer Gesellschaft stärken den Zusammenhalt einer Gruppe und sorgen gleichzeitig dafür, dass sich jeder an die Regeln des Zusammenlebens hält. Das gibt dem Einzelnen Sicherheit und schützt ihn vor Übergriffen. Wer die Regeln bricht, wird bestraft oder ausgeschlossen. Das möchten die meisten Menschen vermeiden, denn als Gemeinschaftswesen haben sie ein Bedürfnis nach Zugehörigkeit. Laut der Evolutionstheorie haben diejenigen die größten Überlebenschancen, die sich am besten an ihre Umgebung und ihr Umfeld anpassen können. Jedes Kleinkind macht die Erfahrung, dass es unangenehm ist, etwas Falsches zu tun, und dass es oft besser ist, sich den Vorgaben oder Erwartungen anderer anzupassen. Wer die Regeln der Ge-

68

MIT BESCHÄMUNG WERDEN REGEL-VERSTÖSSE BESTRAFT.

meinschaft missachtet, der soll sich schämen! In diesem Sinne soll die Scham eine korrigierende Wirkung haben und dazu führen, dass Menschen ihr Verhalten kontrollieren. Kulturelle Tabus können so auch als Mittel zur Machtausübung und Unterdrückung dienen. Generell strebt der Mensch von Natur aus nach Lust und nach Vermeidung von Schmerz. Dass wir negative Emotionen wie Scham und Ekel in der Regel vermeiden wollen, führt dazu, dass wir uns an moralische Regeln halten. Genauso wie das Streben nach Lust und die Vermeidung von Schmerz sind auch Scham und Ekel natürliche Antriebe des Menschen. Aber es ist kulturell festgelegt, was peinlich und schambesetzt ist. Wofür man sich schämt, kann sich verändern, und Schamgrenzen sind kulturell verschieden. Ob man mit den Fingern oder mit Stäbchen isst, hängt von der Kultur ab, ebenso, ob man beim Essen schlürft oder nicht. Während Schlürfen in Japan normal ist, gilt es in Deutschland eher als peinlich.

Scham und Ekel hängen eng damit zusammen, was wir als moralisch gut oder schlecht empfinden. Einerseits lernen wir durch Schamerfahrungen, was als richtig und falsch angesehen wird. Andererseits werden diese Erfahrungen abgespeichert und dienen uns als Kompass für zukünftiges Verhalten. Scham ist also auch Ausdruck eines Wissens davon, dass eine Grenze überschritten wurde. Ohne Scham fehlt einem das Gefühl für die moralischen Regeln einer Gesellschaft. Ein ganz und gar schamloser Mensch wäre wahrscheinlich ein Mensch,

MORALISCHE REGELN FUNKTIONIEREN, WEIL MENSCHEN EIN BEDÜRFNIS NACH ZUGEHÖRIGKEIT HABEN.

69

Körner

der rücksichtslos handelt, weil ihm das Gespür für die moralischen Regeln des Zusammenlebens fehlt.

WOLLEN WIR UNS EKELN?

Als im Jahr 1970 eine Frau im Deutschen Bundestag zum ersten Mal bei einer öffentlichen Rede einen Hosenanzug trug und
kein Kleid, wie es damals noch für Frauen in der politischen
Öffentlichkeit üblich war, galt das als Skandal und moralische
Grenzüberschreitung. Heute ist es völlig normal. Unser Körper
ist seit Jahrtausenden ein Kampfplatz für moralische Vorstellungen, auf dem definiert wird, was als richtig oder falsch und
als rein oder unrein zu gelten hat. Wie wir mit unserem Körper
umgehen dürfen, ist immer auch eine Frage gesellschaftlicher
Bewertung. Wer darf wie viel Haut zeigen? Müssen bestimmte Stellen des Körpers verhüllt und verdeckt werden? Wer darf
einen Rock tragen und wann ist er zu kurz?

Es gibt zahlreiche Beispiele, die zeigen, wie der menschliche Körper in unserer Gesellschaft bewertet und wie über ihn
Kontrolle ausgeübt wurde. So wurde Selbstbefriedigung noch
im 20. Jahrhundert moralisch verurteilt und für gesundheits-
schädlich erklärt, was medizinisch und wissenschaftlich nicht
haltbar ist. Oder das Ideal der Jungfräulichkeit: Noch vor 100
Jahren herrschte gesellschaftlicher Konsens darüber, dass vor
allem Frauen jungfräulich in die Ehe gehen sollten. Hier haben insbesondere Vorstellungen aus dem Christentum über viele Jahrhunderte dazu geführt, dass Jungfräulichkeit als mora-
lisches Gebot betrachtet wurde (und dessen Missachtung als
Sünde!). Ein weiteres Beispiel ist die Menstruation, denn auch
heute noch ist es unüblich, dass Frauen öffentlich darüber re-

den, wenn sie ihre Tage haben. Die Menstruation galt lange Zeit als unrein und eklig und wurde als biologische Schwäche ausgelegt. Der weibliche Zyklus wurde im Gegensatz zum männlichen Hormonhaushalt, der für gewöhnlich überhaupt nicht thematisiert wird, kulturell abgewertet. Auf der einen Seite führt uns die Zivilisierung des Körpers zu Höchstleistungen wie etwa im Sport, in Kunst und Musik. Auf der anderen Seite wird der Körper ausgeblendet oder Regeln unterworfen. Die Schamgrenzen und Tabus einer Gesellschaft sind kulturell definiert und verschieden ausgeprägt, je nach Erziehung und Gruppenverhalten. So ist es für einige völlig in Ordnung, wenn sie Partyfotos von sich öffentlich ins Netz stellen, für andere ist es peinlich, wenn sie auf solchen Bildern zu sehen sind.

In der christlich geprägten westlichen Kultur wurde der Körper lange als Gefängnis betrachtet. Als etwas, das uns einengt und begrenzt, das stirbt und vergänglich ist – im Gegensatz zum Geist oder zur Seele. Der Körper ist Lüsten und Nöten ausgesetzt und deshalb etwas, für das wir uns schämen und

UNSER KÖRPER: KAMPFPLATZ FÜR MORALISCHE VORSTELLUNGEN.

vor dem wir uns ekeln müssen. Mit dieser Vorstellung ging einher, den Körper als eine geschlossene Einheit zu betrachten und alles, was in ihm vorgeht oder aus ihm herauskommt, aus dem Alltagsbewusstsein auszublenden. So gut wie alle Körperöffnungen werden versteckt und aus dem öffentlichen Erscheinungsbild ausgeschlossen. Es wäre absurd, wenn uns jemand einfach so in unsere Nasenlöcher oder in unsere Ohren schauen würde. Andere Körperöffnungen wie beispielsweise

Körper

das Poloch sind so tabuisiert, dass man nicht einmal darüber redet. Man geht ja auch allein aufs Klo, und auch wenn jeder mehrmals am Tag dorthin muss, ist es uns wichtig, dass es ein intimer, abgeschlossener Ort ist. Neben den zahlreichen Körperöffnungen sind in unserer Kultur ebenso alle Arten von Körperflüssigkeiten tabubehaftet. Urin, Schweiß, Blut und Menstruationsausfluss gelten oftmals als unrein. Wer zum Beispiel öffentlich von sich sagt, dass er seinen morgendlichen Urin trinkt, provoziert wahrscheinlich großen Ekel, auch wenn es medizinisch gar nicht bedenklich ist. Dabei vergessen wir allerdings, dass unser Körper in ständigem Austausch mit seiner Umgebung steht, wenn wir essen, Haare verlieren oder auch atmen.

DIE GESELLSCHAFT BESTIMMT, WER WEN WIE ÖFFENTLICH BERÜHREN DARF.

Wer darf bei uns Händchen haltend durch die Straßen laufen und wer nicht? Die Grenzen der eigenen Intimsphäre, die wir normalerweise als sehr persönlich und individuell erleben, sind ein Beispiel dafür, wie sehr unser körperliches Empfinden von Nähe und Distanz kulturell geprägt ist. So ist es bei uns völlig akzeptiert, dass sich Freundinnen umarmen oder Händchen halten. Bei Männern hingegen ist das unüblich, selbst unter Freunden umarmt man sich eher nicht einfach so, weil es als unmännlich gilt. Wahrscheinlich liegt bei Hand in Hand schlendernden Männern schnell die Vermutung nahe, dass sie schwul sind. Doch wie sich Menschen in der Öffentlichkeit berühren, ist kulturell unterschiedlich: In manchen Ländern gibt man sich Wangenküsschen, in andern gilt es schon als anstößig, wenn man einander die Hand schüttelt. Selbst Blickkontakt kann ganz verschieden interpretiert werden: als penetrant, als Flirtversuch oder einfach als Aufmerksamkeit.

Unser Körper und was wir mit ihm machen dürfen, war und ist in allen Gesellschaften reguliert und teilweise tabuisiert. Selbst die Geburt und der Tod, die zum natürlichen Ablauf des Lebens gehören, sind keine Themen, über die man unbefangen mit jedem spricht. Im Horrorfilm, in Videospielen und Splattermovies kehren das Sterben und der Tod jedoch wieder zurück in unseren Alltag. Wir wollen uns dann gruseln, Angst erleben und lassen uns von blutigen Todesszenen faszinieren. Auch Triebe, die uns vielleicht sogar Spaß machen und Freude bereiten, können uns in der Öffentlichkeit peinlich sein, und wir haben gelernt, sie zu kontrollieren oder sogar zu verstecken. Vor allem unser Umgang mit Nacktheit und Sex ist widersprüchlich, denn einerseits verbannen wir erigierte Penisse, feuchte Vaginen und viele andere Dinge aus der Öffentlichkeit, andererseits tauchen sie in Pornos beispielsweise wieder auf.

Auch diverse Fernsehformate setzen gezielt auf den Tabubruch. So sind der Ekel- und der Schamfaktor das Erfolgsrezept schlechthin des Dschungelcamps. Einerseits ekeln sich die Zuschauer vor dem, was sie sehen, andererseits suchen sie ex-

WAS WIR VERDRÄNGEN, KEHRT AN ANDERER STELLE WIEDER ZURÜCK.

73

akt dieses Ekelgefühl. Zumindest aus einer gewissen Distanz heraus ist es erwünscht und wird zum Kick bei der Abendunterhaltung vor dem Bildschirm. Ist das bei näherem Betrachten vielleicht gar nicht so widersprüchlich? Es könnte ja auch ganz normal sein, dass etwas, das man kontrolliert und unterdrückt, an anderen Stellen wieder auftaucht.

Körperlichkeiten

LENA GRÖNE

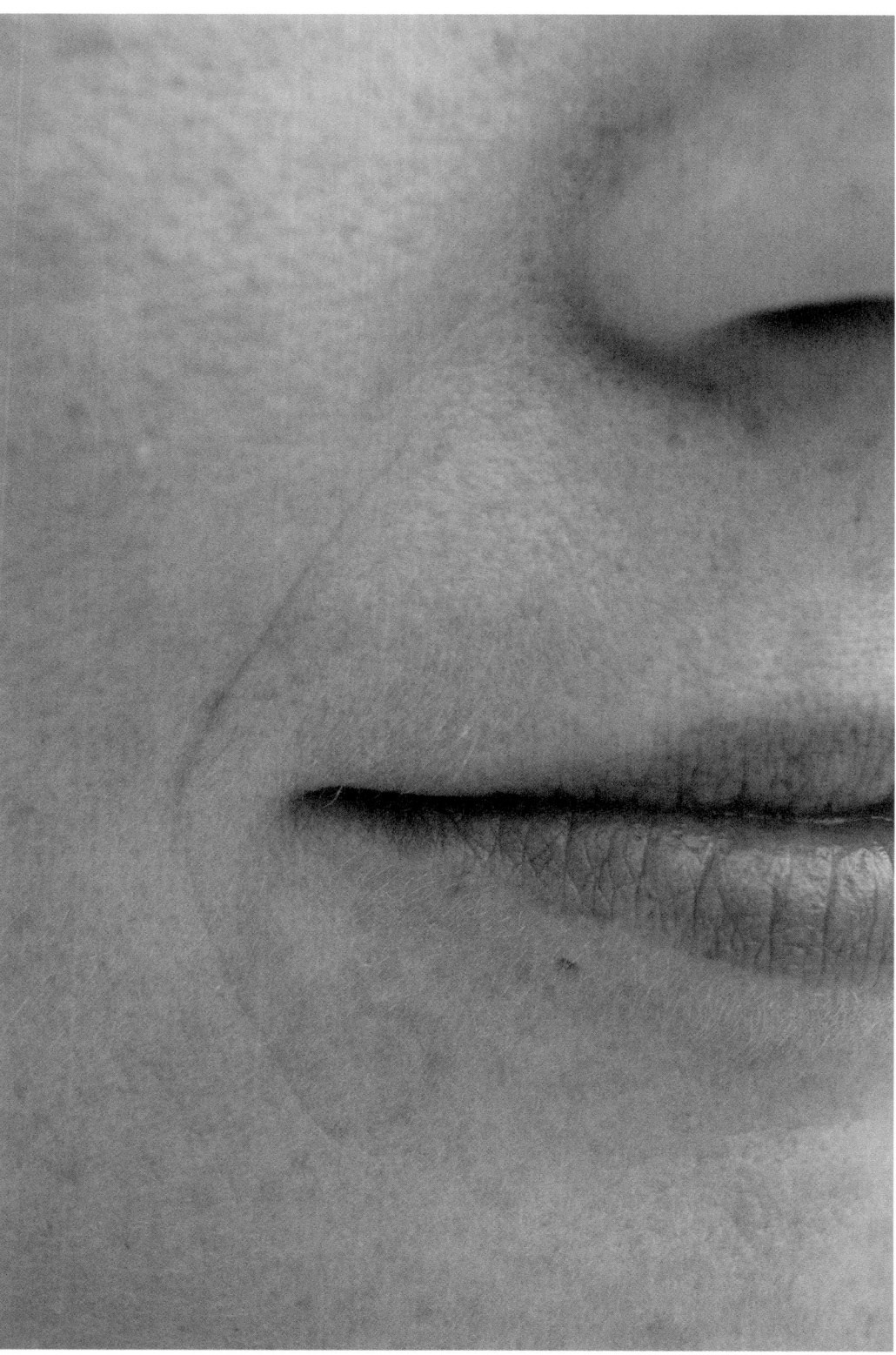

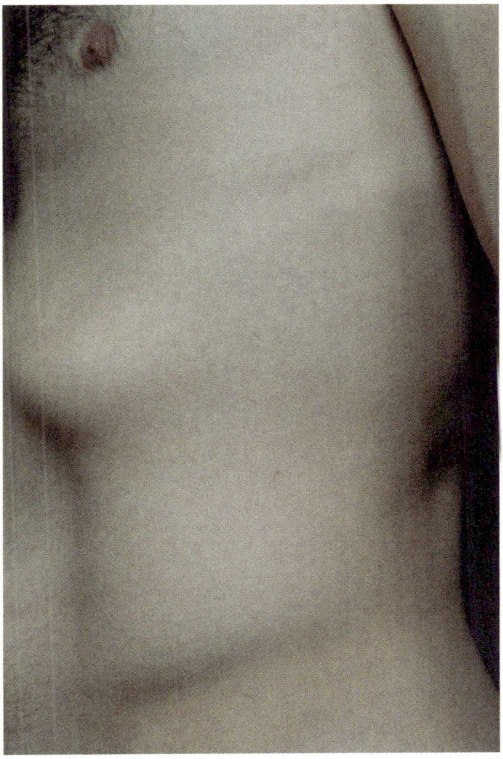

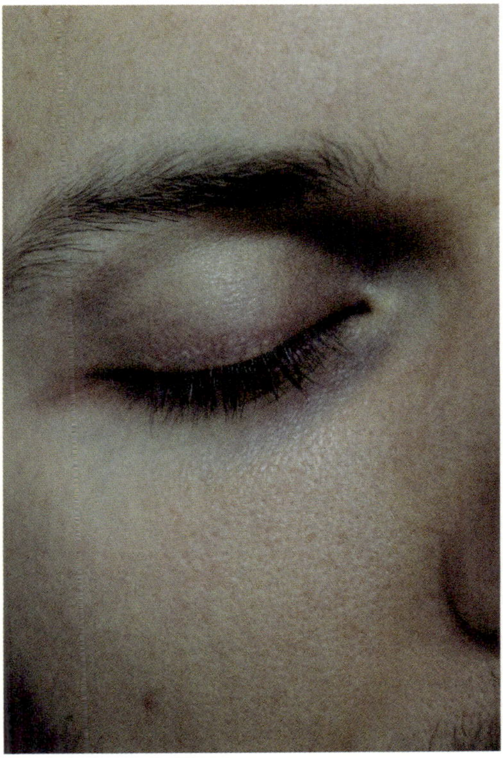

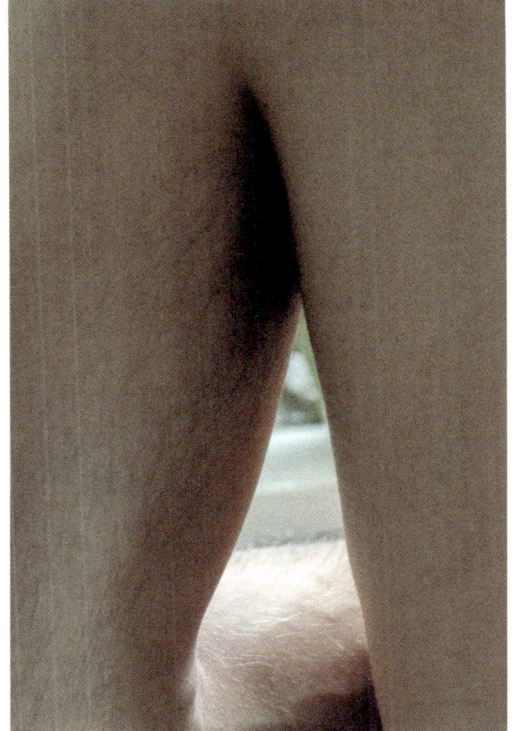
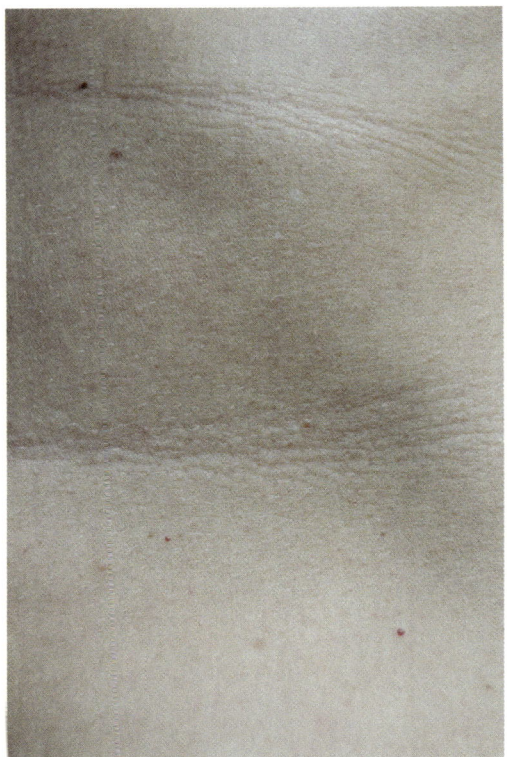

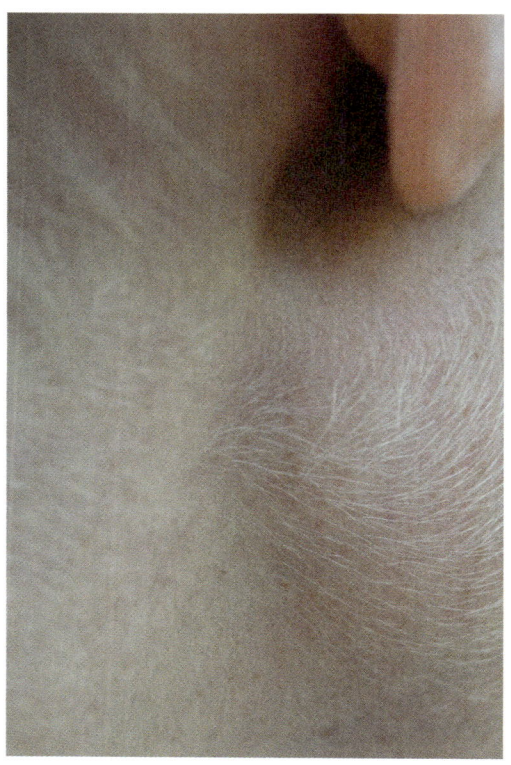

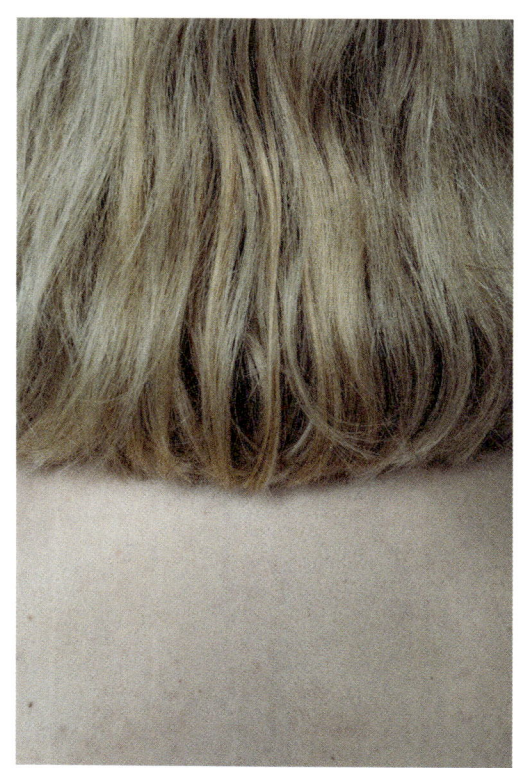

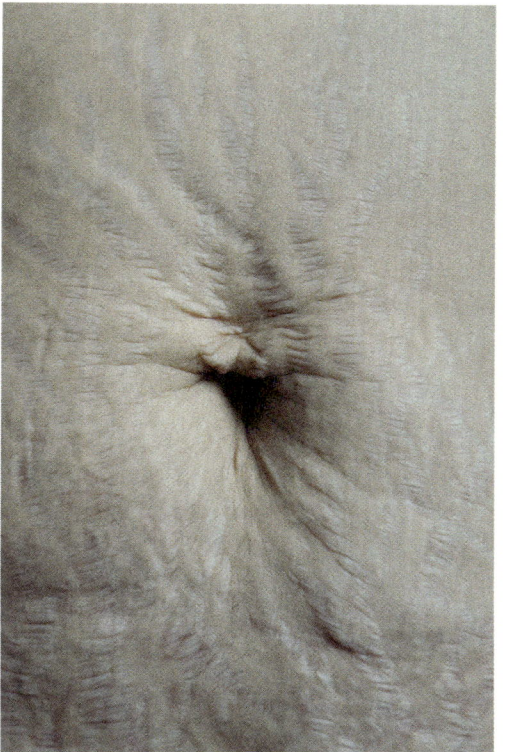

Mit meinen Bildern möchte ich die Frage nach der Natürlichkeit untersuchen: Ich habe Oberflächen und Strukturen des menschlichen Körpers fotografiert. Dabei wurden die Fotografierten wiederholt mit der Scham vor der eigenen Körperbehaarung oder einer »nicht der Norm entsprechenden« Körperform konfrontiert.

Haare sind für mich etwas vollkommen Natürliches. Sie schützen den Körper und haben sich evolutionsbedingt ausgeprägt. Doch auch ich rasiere mich. Das erste Mal im Feriencamp mit 13 Jahren. Trockene Beinrasur, die Prozedur war wahnsinnig unangenehm, doch ich fühlte mich schon währenddessen super. Ich war ein Stück mehr »Frau« und gehörte ab da zu den Älteren.

Wieso versuchen wir, uns von unserem Körper, wie er natürlich ist, zu entfernen? Welche Rolle spielt dabei die Frage, wer wir gern sein wollen?

L J'
E
'BE

Wie will ich leben?

NORMAL BEDEUTET NICHT, DASS ALLE GLEICH SIND

Für viele ist es völlig selbstverständlich, dass sie später einmal eine Familie und eigene Kinder haben wollen. Mit 35 eine Familie zu gründen scheint der gesellschaftliche Normalfall zu sein. Dabei blendet man allerdings einen Teil der Wirklichkeit aus. Denn nur, weil etwas normal ist, heißt das nicht, dass es natürlich ist oder alle das Gleiche möchten. Nicht jeder will in einer festen Partnerschaft leben. Nicht alle Paare wollen Kinder und wieder andere wollen nur ein Kind und bekommen Zwillinge. Für homosexuelle Paare sind nicht nur die biologischen Voraussetzungen für die Kinderplanung anders, sondern sie müssen auch gesetzlich dazu berechtigt sein, eigene Kinder bekommen oder adoptieren zu dürfen. Wie man sieht: Allein der so selbstverständliche Kinder- und Familienwunsch ist in der Realität um einiges komplexer, als er zunächst erscheint. Weil er aber der gesellschaftliche Normalfall ist, sind wir manchmal blind für Abweichungen und andere Bedingungen, die genauso real und normal sind.

HETEROSEXUALITÄT SETZT ZWEI BIOLOGISCHE GESCHLECHTER VORAUS.

Ähnlich blind sind die meisten für die Tatsache, dass das Geschlecht und die sexuelle Orientierung eines Menschen zwei unterschiedliche Dinge sind. Häufig entsprechen sie der heterosexuellen Norm und werden deshalb nicht auseinandergehalten. Was man dabei übersieht, ist, dass die heterosexuelle Mehrheit der Gesellschaft zwei Dinge bereits voraussetzt: zwei biologisch eindeutige Geschlechter und die sexuelle Anziehung durch das jeweils andere Geschlecht. Sprich, ein Mann fühlt sich dem männlichen Geschlecht zugehörig und steht auf Frauen. Und eine Frau identifiziert sich als weiblich und findet Männer anziehend. So einfach und klar ist es aber nicht in allen Fällen, weil aus dem Geschlecht nicht zwangsläufig die sexuelle Orientierung folgt. Das ist nur dann der Fall, wenn man Heterosexualität als Norm annimmt.

GESCHLECHT UND SEXUELLE ORIENTIERUNG SIND NICHT DASSELBE.

Das wird besonders deutlich, wenn man über die sexuelle Orientierung von Personen spricht, die sich als »Transgender« bezeichnen, also Menschen, die sich dem jeweils anderen Geschlecht zugehörig fühlen. Das wären zum Beispiel Männer, die sich dem weiblichen Geschlecht zugehörig fühlen, oder Frauen, die sich dem männlichen Geschlecht zugehörig fühlen. Wenn beispielsweise jemand, der als Mädchen geboren wurde, sich aber als Mann fühlt, sagt, dass er sich in Männer verliebt, reagieren manche Menschen verwirrt. Sie verstehen nicht, warum er sich als Mann fühlt. Wäre es nicht einfacher, eine Frau zu bleiben, da sie ja ohnehin auf Männer steht? Stattdessen will er (als Frau geboren) ein Mann sein und homosexuell leben? Hieran sieht man zum einen, dass Heterosexualität der Standard ist, von dem man erst einmal ausgeht. Zum anderen werden hier Geschlechtsidentität und sexuelle Orientierung durcheinandergebracht.

Der entscheidende Unterschied ist nämlich: Ein Mann, der sich dem weiblichen Geschlecht zugehörig fühlt, geht eine Be-

Liebe

ziehung mit einem Mann nicht als Homosexueller ein, sondern als Frau. Was wiederum nicht bedeutet, dass es unter Transgendern keine Homosexualität gibt. So gibt es zum Beispiel Männer, die sich dem weiblichen Geschlecht zugehörig erleben und sich sexuell zu Frauen hingezogen fühlen. Die Geschlechtsidentität gibt zunächst nur an, welchem Geschlecht man sich zuordnet. Die sexuelle Orientierung beschreibt, von welchem Geschlecht man sich angezogen fühlt und wen man wie liebt. So wie sich bei allen Menschen die Persönlichkeit im Laufe ihres Lebens entwickelt und mehr oder weniger verändert, stellen manche Menschen im Laufe ihres Lebens fest, dass sie eine andere Geschlechtsidentität oder eine andere sexuelle Orientierung wollen. Das bedeutet nicht unbedingt, dass die bisherige sexuelle Orientierung nicht zu einem gepasst hat. Vielleicht merkt man, dass etwas anderes einfach besser passt.

WER ODER WAS ENTSCHEIDET, AUF WEN ICH STEHE?

Ist Sex mit Tieren okay? Sex vor der Ehe? Ist es in Ordnung, alle zwei Monate seinen Partner zu wechseln? – Was veranlasst uns, spontan mit Ja oder Nein zu antworten? Wer etwas darf oder nicht darf, ist gesellschaftlich festgelegt. Moralische Konventionen und Gesetze können sich im Lauf der Geschichte jedoch verändern. So wissen wir beispielsweise, dass homosexuelle Praktiken unter Männern im antiken Griechenland vor ca. 500 Jahren akzeptiert waren. Danach folgte eine lange Zeit, in der Homosexualität in Europa nicht erlaubt war und Homosexuelle sogar verfolgt wurden. Bis 1973 gab es im deutschen Strafgesetzbuch den sogenannten Paragrafen 175, der Sex zwischen Männern für strafbar erklärte. In bestimmten Bereichen unserer Gesellschaft, wie zum Beispiel beim Fußball oder beim Militär, ist Homosexualität auch heute noch ein tabubehaftetes Thema.

Auch wenn man seine sexuelle Orientierung und seine sexuellen Neigungen erst etwas später im Leben entdeckt, haben die meisten Menschen das Gefühl, dass sie damit bereits geboren wurden. Ob schwul, lesbisch, bi oder queer: Wir suchen uns unsere sexuelle Anziehung nicht aus. Dabei ist die eigene sexuelle Orientierung nicht immer eindeutig, das heißt, möglicherweise gibt es Momente im Leben, in denen man sich fragt, ob man wirklich einfach nur auf Frauen oder nur auf Männer steht. Denn fast niemand ist zu hundert Prozent heterosexuell, homosexuell oder bisexuell. Häufig ist eine sexuelle Neigung einfach stärker ausgeprägt als andere. Die Vielfalt sexueller Orientierungen zeigt sich bereits an Begriffen wie z.B. heterosexuell, homosexuell, bisexuell, queer, pansexuell und asexuell. Hier ganz kurz die Bedeutung der wichtigsten und gängigsten Bezeichnungen:

WAS FRÜHER VERBOTEN WAR, GILT HEUTE ALS NORMAL.

heterosexuell

Die häufigste sexuelle Orientierung in unserer Gesellschaft ist die Heterosexualität unter Männern und Frauen. Eine Person ist heterosexuell, wenn sie das jeweils andere Geschlecht liebt.

homosexuell

Als homosexuell bezeichnet man Menschen, die Personen

des gleichen Geschlechts lieben. Eine Frau, die sich in Frauen verliebt, ist lesbisch, und ein Mann, der sich in einen anderen Mann verliebt, ist schwul.

bisexuell
Bisexuell nennt man Menschen, die sich sowohl in Männer als auch in Frauen verlieben.

Was die Begriffe hetero-, homo- und bisexuell verbindet, ist, dass sie genau zwei Geschlechter (Frauen und Männer) voraussetzen. Was aber, wenn man sich zum Beispiel in eine Person verliebt, die sich weder als Frau noch als Mann identifiziert? Ein drittes Geschlecht ist mittlerweile auch in Deutschland anerkannt. Für Paare und Verliebte, die sich einem dritten oder keinem Geschlecht zuordnen wollen, gibt es den Begriff queer.

queer
Ursprünglich wurde das englische Wort queer als Schimpfwort für Lesben und Schwule benutzt. Heute hat sich die internationale Queer Community den Begriff angeeignet und ihm eine positive Bedeutung verliehen. Man ist zum Beispiel queer, wenn man sich nicht ausschließlich als weiblich oder männlich identifiziert oder wenn man sich in Personen verliebt, die sich nicht als eindeutig männlich oder weiblich definieren.

pansexuell
Man ist pansexuell, wenn einem das Geschlecht der anderen Person egal ist. Pansexuelle Personen verlieben sich in eine Person und nicht in deren Geschlecht. Pansexuelle Menschen gehen im Unterschied zu bisexuellen davon aus, dass es mehr als nur zwei Geschlechter gibt. Während sich bisexuelle Men-

schen entweder in eine Frau oder in einen Mann verlieben, ist es für pansexuelle Personen zweitrangig, wie sich die andere Person definiert.

asexuell

Und dann gibt es Menschen, denen Geschlechtsverkehr gar nicht so wichtig ist. Für viele asexuelle Personen ist der Körperkontakt (z.B. Kuscheln!) wichtiger als der Geschlechtsverkehr. Auch wenn sie genauso lesbisch, hetero, bi, queer, pan etc. sein können wie alle anderen auch, ist bei asexuellen Personen das Bedürfnis nach Sex einfach nicht sehr stark ausgeprägt.

All diese Begriffe können für Menschen eine Hilfe sein, sich selbst zu beschreiben, auch wenn sich viele nicht auf einen dieser Begriffe festlegen wollen. Denn gerade für junge Menschen, die sich als queer bezeichnen, ist sexuelle Orientierung nichts Feststehendes. Sie erleben ihre sexuelle Orientierung eher fließend, als etwas, das nicht unbedingt in ein vorgegebenes Raster passt und auch nicht passen muss.

WAS BEEINFLUSST MEINE PARTNERWAHL?

Wer schon mal verliebt war, der weiß, wie stark dieses Gefühl sein kann. Aber wann wird aus der Verliebtheit auch eine Partnerschaft? Es ist noch gar nicht so lange her, da gab es relativ klare Kriterien, nach denen man sich seinen zukünftigen Partner aussuchte. So waren etwa Status, soziale Schicht und Vermögen noch zu Beginn des 20. Jahrhunderts viel wichtiger als heute. Bei der Partnerwahl ging es vor allem darum, sich fi-

nanziell und sozial abzusichern, daher spricht man auch von der Zweckehe. Außerdem hatten Eltern und Familie einen größeren Einfluss als heute. So war es zum Beispiel in ganz Europa üblich, dass der zukünftige Partner von den Eltern ausgesucht und die Ehe damit arrangiert wurde.

HEIRATEN DIENTE FRÜHER DER SOZIALEN ABSICHERUNG.

Heute sucht man sich seine Partner selbst aus und entscheidet gemeinsam, wie traditionell oder unkonventionell man seine Beziehung gestalten möchte. Will man eine Hochzeit in Weiß mit kirchlicher Trauung? Oder geht man einfach nur zu zweit zum Standesamt? Für gleichgeschlechtliche Paare lautete die Frage lange Zeit: Darf ich überhaupt heiraten?

Erst im 19. Jahrhundert entstand die Idee, dass sich zwei Menschen aus Liebe heraus füreinander entscheiden sollten. In der Epoche der Romantik wurde die Liebe als freies Gefühl gefeiert, das zwei Menschen auf besondere Weise und frei von gesellschaftlichen Zwängen miteinander verbindet. In einer ansonsten sehr rationalen und fremdbestimmten Welt galt die Liebe als einzigartige Beziehung zwischen zwei Menschen, in der sexuelle und emotionale Erfüllung möglich waren. Dieses romantische Konzept von Liebe beeinflusst unsere Vorstellungen bis heute. Wir vertrauen unserem Gefühl und glauben, dass wir uns intuitiv schon in den richtigen Partner verlieben werden.

Ebenso hat sich die Art und Weise verändert, wie wir uns kennenlernen und verlieben. Früher lernte man seine potenziellen Partner in seinem Dorf, seiner Stadt, am Arbeitsplatz oder über den Freundeskreis kennen. Dass wir Menschen aus allen Regionen und Ländern der Welt kennenlernen können, ist noch relativ neu. Inzwischen sind Dating-Apps und -Plattformen selbstverständlich. Allerdings läuft die Partnersuche dort wieder teilweise sehr unromantisch ab. Man trifft sich selten mit jemandem einfach so, sondern vor einem Date müssen bestimmte Suchkriterien erfüllt sein. Die Online-Partnersuche orientiert sich vor allem am Aussehen und an rationalen Kriterien.

Egal ob man sich online, auf der Straße oder im Freundeskreis kennengelernt hat – irgendwann kommt der Punkt, an dem man merkt, dass man mit jemandem zusammen sein will. Das gilt für alle Geschlechter und alle sexuellen Orientierungen, denn die Erfahrung, auf jemanden zu stehen und mit jemandem eine Beziehung eingehen zu wollen, kennen alle Menschen. Aber woher weiß man, dass man jemanden liebt? Ist »Zusammenpassen« die Voraussetzung für Liebe oder kann sich das auch erst später innerhalb einer Partnerschaft entwickeln, dass man zusammenpasst?

ROMANTISCHE LIEBE GAB ES NICHT IMMER.

Zunächst sind es oft körperliche Kriterien, die man an anderen Personen anziehend findet. Das beginnt bei der Gesichtsform und beim Körperbau und geht bis zum Geruch und zur Stimme der anderen Person. Und dann müssen natürlich auch noch die sexuelle Orientierung und das Geschlecht passen. Wobei das streng genommen für das Verliebtsein gar nicht unbedingt gilt. Man kann sich theoretisch auch in jemanden verlieben, der gar nicht das passende Geschlecht hat. Möglicherweise ist dann aber die eigene sexuelle Orientierung gar nicht so eindeutig, wie man vielleicht dachte.

Neben der körperlichen Attraktivität sind psychologische Faktoren entscheidend dafür, ob man mit jemandem zusammen sein will. Das kann der gleiche Humor sein, eine Lebenseinstellung oder ein besonderer Charakterzug. Obwohl wir uns oft Partner aussuchen, die uns in bestimmten Hinsichten ähnlich sind, fühlen wir uns manchmal auch von Personen angezogen, die ganz andere Eigenschaften und Stärken haben als wir selbst. So kann man sich gegenseitig besonders gut ergänzen. Je unterschiedlicher die Persönlichkeiten, desto größer ist vielleicht auch das Konfliktpotenzial. Aber Unterschiedlichkeit bedeutet eben nicht automatisch, dass man nicht zusammenpasst, solange man gemeinsame Grundwerte teilt. Zum Beispiel sollte man sich einig sein, wie regelmäßig man sich sehen will. Ist es einem wichtig, dass man sich jeden Tag sieht, oder geht es vor allem darum, zusammen einzuschlafen? Für die einen sind Selbstständigkeit und Eigenständigkeit sehr wichtig. Man will zum Beispiel, dass sich auch in einer Beziehung jeder für sich weiterentwickelt. Für andere wiederum ist es wichtiger, dass man sich regelmäßig sieht und dafür auch mal Kompromisse eingeht.

Oft ist unsere Partnerwahl viel weniger spontan, als wir denken. Wir meinen zwar, dass wir uns hier und jetzt für die andere Person entscheiden, weil sie uns besonders wichtig ist. Unser Bauchgefühl sagt uns, dass wir uns in diesem Moment in diese Person vor uns verlieben (in wen auch sonst!?). Allerdings wird unsere Partnerwahl sehr stark von unserer Vergangenheit beeinflusst: Wir fühlen uns oftmals

ZUSAMMENPASSEN HEISST GEMEINSAME WERTE HABEN.

von Menschen angezogen, die uns besonders vertraut vorkommen. Laut der Bindungstheorie verlieben sich die meisten Menschen in Partner, die sie an ihre ersten Bindungserlebnisse aus der frühen Kindheit erinnern. (Krass formuliert würde das heißen, dass letztlich jeder Mensch nach seinem Vater, seiner Mutter oder eben nach der wichtigsten Bezugsperson aus seiner Kindheit sucht!) So gesehen ist ein großer Teil der eigenen Bindungs- und Beziehungsmuster erlernt. Und weil man die Gefühle aus den ersten Bindungserfahrungen immer wieder erleben und wiederholen möchte, kann es passieren, dass man sich immer wieder in ähnliche Partner verliebt.

WARUM WIRD MAN EIN PAAR?

Ob und wann man sich für eine Beziehung entscheidet, hat auch viel damit zu tun, was Liebe für einen bedeutet. In einer großen Umfrage haben US-amerikanische Wissenschaftler herausgefunden, dass in der westlichen Kultur vorrangig zwei Auffassungen verbreitet sind: Für die einen ist Liebe ein intensives Gefühl, das mit Leidenschaft verbunden ist. Wenn man jemanden kennenlernt und sich dieses Gefühl nicht einstellt, dann ist es nicht wahrscheinlich, dass man sich später ineinander verlieben wird, glauben diese Menschen. Andere gehen davon aus, dass Liebe sich entwickelt. Sie kann auch in Freundschaften nach langer Zeit noch entstehen, denn Gefühle verändern sich und wachsen.

Ein Paar Schuhe, ein Paar Strümpfe – das Wort »Paar« enthält schon die Vorstellung, dass immer zwei dazugehören. Aber warum sollte man nur genau einen Menschen lieben? Könnte man nicht mit mehreren Menschen eine Beziehung füh-

ren? Es gibt immer wieder Evolutionsbiologen, die das Konzept der Zweierbeziehung (der monogamen Beziehung) infrage stellen. Ihre Argumentation: Evolutionär und

WECHSELNDE PARTNER SIND EVOLUTIONÄR SINNVOLL.

biologisch sei es nicht vorgesehen, dass Menschen ihr ganzes Leben lang mit ein und demselben Partner zusammenbleiben. Der menschliche Hormonhaushalt sei darauf ausgelegt, dass man sich ein paar Jahre lang sexuell attraktiv findet, und zwar so lange, bis die Kinder nicht mehr auf beide Eltern angewiesen sind. Danach sei es evolutionär sinnvoll, dass man sich wieder einen neuen Partner sucht. Denn so könne eine biologische Vielfalt an Nachkommen entstehen.

Allerdings übersieht diese biologische Sichtweise, dass Liebe nicht nur biologisch, sondern auch kulturell gewachsen ist. Wir sind keine biologischen Automaten, die irgendeinem genetischen Programm blind folgen! Es gibt vielleicht keine biologischen, dafür aber zahlreiche kulturelle und gesellschaftliche Gründe, warum wir uns für Zweierbeziehungen entscheiden oder heiraten: Man will zum Beispiel sich selbst und anderen zeigen, dass man zusammengehört. Weil Ehe und Kinder staatlich gefördert werden, mit Steuervergünstigungen für einen der Partner und mit Kindergeld, könnte man die Funktion der monogamen Beziehung auch darin sehen, dass sie die Familiengründung und die Kinderversorgung erleichtert.

Oft versorgen Eltern nicht nur ihre Kinder, sondern kümmern sich später auch um die Enkel. Andersherum sind Kinder nicht nur traditionell, sondern auch gesetzlich für die Versorgung ihrer Eltern, wenn diese alt sind, verantwortlich. Diese gegenseitige Unterstützung wäre in dieser Form nicht mehr machbar, wenn man alle fünf Jahre einen neuen Partner mit neuen Kindern hätte. Ein weiterer Grund für monogame Beziehungen könnte darin liegen, dass man sich als Paar von Nebenbuhlern und Konkurrentinnen abgrenzt. Zumindest in der Evolutionspsychologie begründet man den Erfolg der monogamen Beziehung damit, dass sie den gesellschaftlichen Kampf und die Konkurrenz um Liebespartner verringert. So suggeriert der Ehering ja zum Beispiel auch, dass man vergeben ist.

Liebe ist ein kulturelles Konzept, das alle zwischenmenschlichen Beziehungen wie Freundschaften, Familie (über mehrere Generationen hinweg!) und Partnerschaften umfasst. Wir lieben verschiedene Menschen auf unterschiedliche Weise. Selbst die Liebe zu Tieren, zur Natur und zu Gegenständen gehört zum Repertoire menschlicher Liebe. Anders könnte man sich die Wertschätzung von Kunstwerken, religiösen Gegenständen und besonderen Wertsachen nicht erklären.

DIE MONOGAME BEZIEHUNG DIENT DER FAMILIENVERSORGUNG UND DER ABWEHR VON KONKURRENZ.

Ob wir monogam oder polygam leben, mit oder ohne Kinder, mit der eigenen Ursprungsfamilie oder mit einer Wahlfamilie: Fest steht nur, dass so gut wie alle Menschen in kleineren oder größeren Gruppen leben. Wir können uns zwar nicht aussuchen, in wen wir uns verlieben, aber wie wir unsere Beziehungen gestalten, haben wir zum Teil selbst in der Hand.

Liebe

KANN MAN SICH SEINE
FAMILIE AUSSUCHEN?

Lernen wir die Eltern von jemandem kennen, gehen wir automatisch davon aus, dass es sich um die leiblichen Eltern handelt. Wir tun das, weil es statistisch am häufigsten der Fall ist. Die Erziehungsberechtigten können aber auch die Großeltern oder Adoptiveltern sein, es gibt Leiheltern und Samenspender. Familien- und Verwandtschaftsverhältnisse können sehr komplex sein.

Es gibt keine einheitliche Definition, was eine Familie ist, außer vielleicht die, dass Familie da ist, wo Kinder sind. Wenn Paare Kinder adoptieren, spricht man beispielsweise von einer Wahlfamilie, was so klingt, als könne man sich seine Familie selbst aussuchen. In Wirklichkeit gibt es hierfür jedoch Regelungen und Gesetze. So ist unter anderem gesetzlich festgelegt, wer Kinder adoptieren darf und wer nicht. Genauso ist vorgegeben, wer steuerliche Vorteile genießt, wer erben und wer für seinen Partner Entscheidungen treffen darf, wenn dieser nicht mehr entscheidungsfähig ist.

Obwohl Homosexualität schon seit über vierzig Jahren nicht mehr verboten ist, ist die Partnerschaft von Homosexuellen erst seit der Einführung der »Ehe für alle« 2017 gesetzlich der Ehe zwischen Mann und Frau gleichgestellt worden. Heute spricht man von sogenannten Regenbogenfamilien, wenn Kinder beispielsweise mit zwei Müttern (lesbisches Paar) oder mit zwei Vätern (schwules Paar) aufwachsen. Für Intersexuelle und Transsexuelle hat der deutsche Staat mittlerweile ein drittes Geschlecht rechtlich anerkannt, allerdings sind mögliche Partnerschafts- und Famili-

FAMILIE IST
VIELFÄLTIG.

enmodelle für sie noch nicht gesetzlich geregelt.

Auch für klassische Familienkonstellationen gibt es Regeln, zum Beispiel bei der Wahl des Familiennamens. War es früher normal, dass die Frau den Namen des Mannes übernahm, kann man sich heute aussuchen, ob man den eigenen Namen behalten oder lieber den seines Partners annehmen will. Für die Kinder muss man dann einen der beiden Nachnamen festlegen.

Schaut man genauer hin, sind unterschiedliche Familienmodelle überhaupt nichts Neues. So gab es beispielsweise neben der Kleinfamilie (»Vater – Mutter – Kind«) schon immer die sogenannte Mehrgenerationenfamilie, in der unterschiedliche Familienmitglieder und Verwandte mehr oder weniger eng zusammenleben. Aus dieser Idee, dass Menschen aus allen Generationen miteinander in Kontakt treten, ist mittlerweile auch eine soziale Einrichtung entstanden, die es über 500-mal in Deutschland gibt. Das Mehrgenerationenhaus steht allen Menschen offen, unabhängig von Alter, Herkunft und Geschlecht. Es wird überwiegend ehrenamtlich betrieben und richtet sich besonders an Menschen, die kein Zuhause oder keinen Kontakt mehr zu ihren ursprünglichen Familien haben. Das Mehrgenerationenhaus ist vor allem ein Treffpunkt und Begegnungsort, an dem sich Menschen austauschen und gegenseitig helfen können – wie in einer Familie.

93

LEBEN WIE IM PORNO?

Kann man Sex ohne Liebe haben und ist Liebe ohne Sex möglich? Die Beantwortung dieser Frage ist nicht nur sehr indivi-

duell, sondern auch etwas kompliziert. Denn einerseits erwartet man in einer Liebesbeziehung normalerweise auch Sex und Leidenschaft. Andererseits trennen wir Sex und Liebe, wenn wir mit einer Person mal was hatten, daraus aber keine Beziehung geworden ist. Im Zweifelsfall war es ein One-Night-Stand, eine Affäre oder ein kurzes Intermezzo, das wir uns gar nicht so richtig erklären können oder das uns im Nachhinein sogar peinlich ist.

Andererseits treten in vielen langjährigen Paarbeziehungen oft irgendwann (ob freiwillig oder eher unfreiwillig!) der Sex und die Leidenschaft hinter andere Werte wie Vertrauen und Geborgenheit zurück. Man spricht ja auch davon, dass eine Beziehung zum Alltag wird. Paartherapeuten und Studien zufolge haben die meisten Paare im Verlauf der Beziehung weniger Sex als am Anfang. Manche verzichten sogar gänzlich auf regelmäßigen Geschlechtsverkehr. Trennen wir Liebe und Sex also manchmal auch gerade dort, wo wir zunächst am meisten daran glauben, dass sie eigentlich zusammengehören?

SEX IST NICHT ALLES.

Es gibt in unserer Gesellschaft weitere Bereiche, in denen Liebe und Sex durchaus getrennt voneinander behandelt werden. Auf der einen Seite gibt es beispielsweise für jede sexuelle Vorliebe und für jeden Fetisch Orte, diese auszuleben, sei es im Swingerclub, im Darkroom oder bei einschlägigen Partys wie in der Berliner Fetisch-Disco KitKat Club. Auf der anderen Seite verschiebt sich Pornografie seit der Digitalisierung immer mehr ins Private. Wurden Pornos in den 1970er-Jahren noch professionell produziert und in Kinos gezeigt, wanderten sie in den 1980er- und 90er-Jahren mit der Videokassette und der DVD bereits auf die TV-Bildschirme ins Wohnzimmer ab. Mit den zahlreichen Gratisseiten im Internet kann man Pornos mittlerweile sogar kostenlos auf dem Handy konsumieren. Ein wichtiger Grund für diesen Erfolg ist wohl, dass die Inhalte jederzeit verfügbar sind. Bei Onlinevideos kann man zudem die Altersbeschränkung besser umgehen und sie sind unauffälliger zu konsumieren.

Durch das Internet ist das Geschäft der herkömmlichen Pornofilmindustrie eingebrochen. An ihre Stelle sind unzählige Amateure getreten, die bei sich zu Hause Sexvideos drehen. Amateur- und Erotikplattformen feiern seit Jahren riesige Erfolge und generieren millionenfache Klicks pro Jahr. Der große Erfolg führte wiederum zu einer regelrechten Professionalisierung, bei der die Grenzen zwischen Abenteuer, Nebenverdienst und Prostitution verschwimmen.

95

Beim Thema Sex gibt es zahlreiche Tabus, über die man öffentlich kaum oder gar nicht spricht. Wahrscheinlich wird es noch als relativ normal angesehen, wenn man Sex im Auto oder auf einer öffentlichen Toilette hatte oder zumindest einmal darüber fantasiert hat. Allerdings würde man seinen Freundeskreis wahrscheinlich überraschen, wenn man erzählte, dass man Sadomasochismus (SM) praktiziert. Gegenüber dieser Sexualpraktik haben viele das Vorurteil, dass Menschen, die SM pflegen, irgendwie merkwürdig sein müssen. Dabei zeigen Studien, dass diese Menschen sich im Alltag ganz normal verhalten.

Mit dem Buch und der Verfilmung von »(Fifty) Shades of Grey« ist SM einer breiten Öffentlichkeit bekannt geworden. In diesem weltweit erfolgreichen Bestseller schließen ein Mann und eine Frau einen Vertrag: Die Frau muss dem Mann mit ihrem Körper und ihrem Verlangen zur Verfügung stehen. Vertraglich regeln sie die genauen Bedingungen, unter denen er sie benutzen darf. An dieser Geschichte ist vor allem die klischeehafte Mann-Frau-Beziehung auffallend. Ob der Bestseller mit umgekehrten Rollen genauso erfolgreich gewesen wäre, wenn also der Mann vertraglich zugesichert hätte, der Frau zur Verfügung zu stehen?

Während der Pornokonsum einerseits privater geworden ist, entsteht gleichzeitig eine gesellschaftsfähige Art, sich pornografischer Motive zu bedienen. Wenn sich manche Frauen extra von oben fotografieren, um ihren Ausschnitt und ihre großen Augen zu betonen, und wenn Männer am liebsten mit nacktem Oberkörper in ihrem Fitnessstudio posieren, dann steht auch das für eine neue Freizügigkeit im Umgang mit Sexualität und dem eigenen Körper. Analog zur steigenden Anzahl von Amateurpornos vermischen sich hier Privates und Öffentliches: Pornografische Elemente werden in der alltäglichen Selbstdarstellung gezielt zitiert und eingesetzt.

DAS SPIEL MIT DEM ANSTÖSSIGEN WIRD GESELLSCHAFTSFÄHIG.

Den Reiz des Verruchten und Anstößigen kennen wir auch aus dem Angebot ganz normaler Fitness- oder Tanzstudios, Poledance-Kurse zum Beispiel. Was vor ein paar Jahren noch als sexuell verrucht galt und nur an speziellen Orten praktiziert wurde, findet seinen Weg in die Mitte der Gesellschaft. Dabei stammt der Stangentanz ursprünglich aus der asiatischen Akrobatik und wurde über den Zirkus in der westlichen Welt bekannt. Traditionell tanzten übrigens nur Männer an der Stange. Erst im 20. Jahrhundert begannen weibliche Akrobatinnen damit, die

Stange in ihre Shows einzubeziehen und
sich vor dem Publikum auszuziehen.
In den 50er-Jahren wurden dann
erste Bars und Stripteaseclubs
eröffnet, die Poledance als
reine Erotikshow anbo-
ten. Heute lässt sich dieses Spiel mit dem Verruchten völlig un-
problematisch als Freizeitsport ausüben.

IN DER
ÖFFENTLICHKEIT
REDET MAN
NICHT ÜBER SEINE
SEXUELLEN VORLIEBEN.

Allerdings geht der pornografische Mainstream unserer Kultur nicht so weit, dass Pornodarsteller ein anerkannter Beruf
wäre. Noch weniger gesellschaftlich akzeptiert ist das Geschäft
mit der Prostitution. Orte, an denen man sich Sex kaufen kann,
gelten als verrucht und verpönt. Geht man in Hamburg abends
über die Reeperbahn, wird man mitten auf der Straße darauf
angesprochen, ob man Lust auf Sex hat. Lässt man sich auf
ein Gespräch ein, kann man relativ offen und direkt über seine
Wünsche, Erwartungen und Vorlieben sprechen. Dass man in
der Öffentlichkeit so offen über Sex spricht, ist eher eine Aus-
nahme. Aber genau dafür sind die vielen Sexclubs, Striptease-
und Tabledance-Bars und Sexkinos in unserer Gesellschaft ja
vielleicht auch da: Sie sind öffentlich begehbare Orte, an denen man ungestört nackte Körper anschauen und über Dinge reden kann, über die man sonst eher nicht spricht (und ja,
es sind auch die Orte, an denen man für Sex bezahlen kann!).

Prostitution und Pornografie sind ein Teil der menschlichen
Kultur und Geschichte. Erste offizielle Bordelle gab es bereits
im alten Griechenland vor über 2500 Jahren. Allerdings war
diese Art der Körperarbeit zu keiner Zeit sehr hoch angesehen. Im Mittelalter zum Beispiel war Prostitution zwar verpönt, aber legal. In den Großstädten des 19. Jahrhunderts
wurde das Prinzip »Sex gegen Geld« zu einem modernen Mas-

senphänomen. Durch die industrielle Re-
volution kamen viele Menschen in die
Städte, um zu arbeiten, wodurch
auch neue Konsum- und Ver-
gnügungsmärkte entstanden.
Neu war, dass die Prosti-
tution nun auch in der
Öffentlichkeit sicht-

**PROSTITUTION
ERINNERT
UNS DARAN, DASS
MENSCHEN KÄUFLICH SIND.**

bar wurde: in Tanzlokalen, Varietés und auf der Straße.

Auch wenn man dafür argumentieren kann, dass Prostitution eine erotische Dienstleistung ist und nicht schlechter gestellt sein sollte als beispielsweise Tanz oder Schauspiel, gilt sie
bis heute als anstößig. Medien und Betroffene berichten immer wieder, dass das Rotlichtmilieu in Kriminalität, Gewalt
und Drogen verstrickt ist und dass nicht alle Prostituierten
und Sexarbeiter ihren Beruf freiwillig ergreifen. Manche rut-
schen eher zufällig hinein oder werden in die Prostitution ge-
drängt. Im Laufe des 20. Jahrhunderts gab es daher immer
wieder Versuche, Prostitution wegen sittlicher Bedenken zu
verbieten. Sexarbeit ist also einerseits eine öffentliche Dienstleistung, andererseits wird sie gesellschaftlich ausgegrenzt und
aus dem privaten Leben vieler Menschen ausgeblendet. Sie wi-
derspricht auch der romantischen Liebesvorstellung unserer
Gesellschaft, wonach Sex und Liebe zusammengehören. Bordelle und Straßenstriche sind aber vielleicht auch deshalb so
negativ besetzt, weil sie uns daran erinnern, dass Menschen
triebhafte und lustgesteuerte Wesen sind. Denn fast alle Menschen sind in irgendeiner Form beeinflussbar und verführbar,
sei es durch Aussehen, Geld, Sex, Ruhm oder durch besondere
Talente eines Menschen.

Steffi

LUMA VON PERFALL

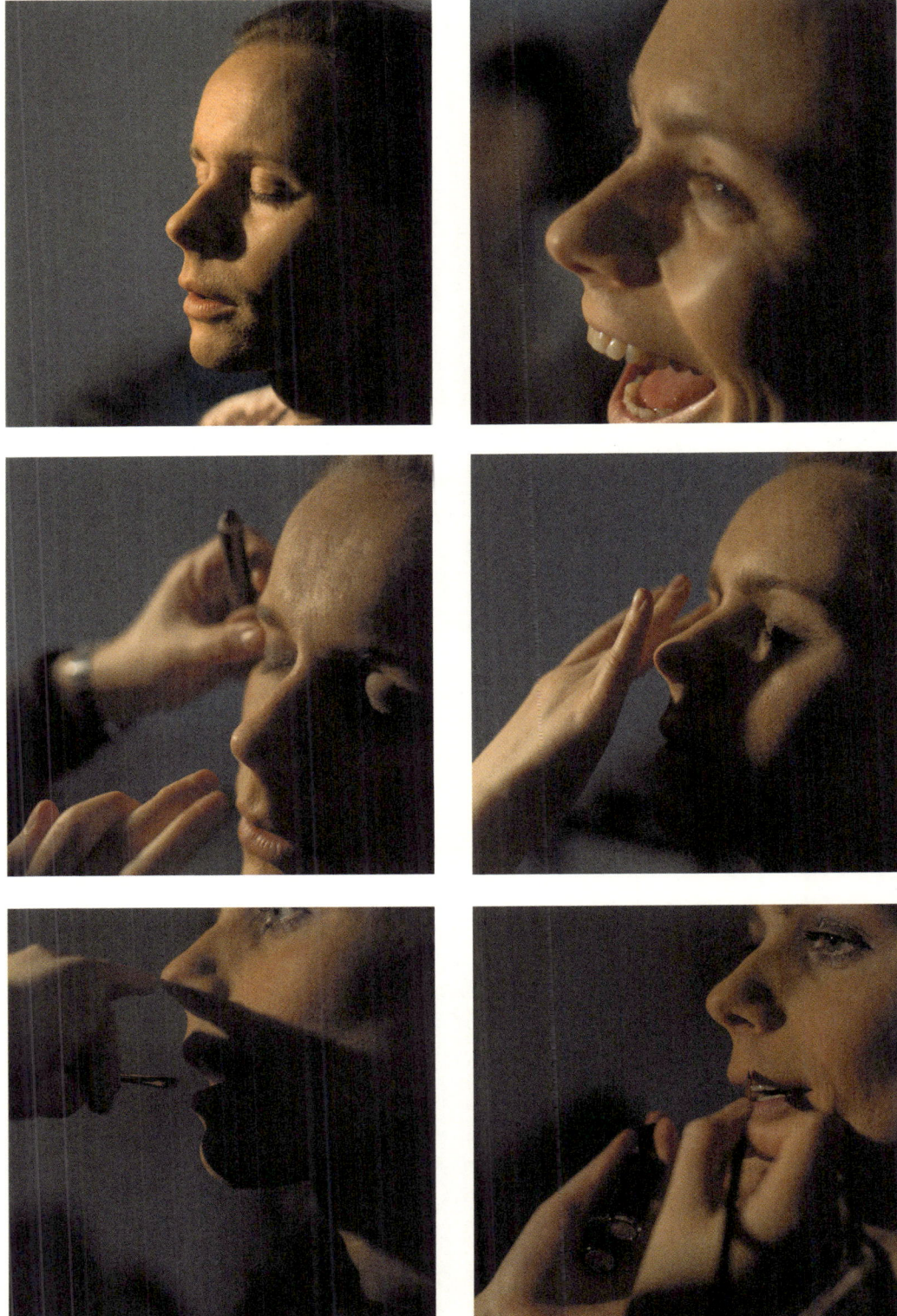

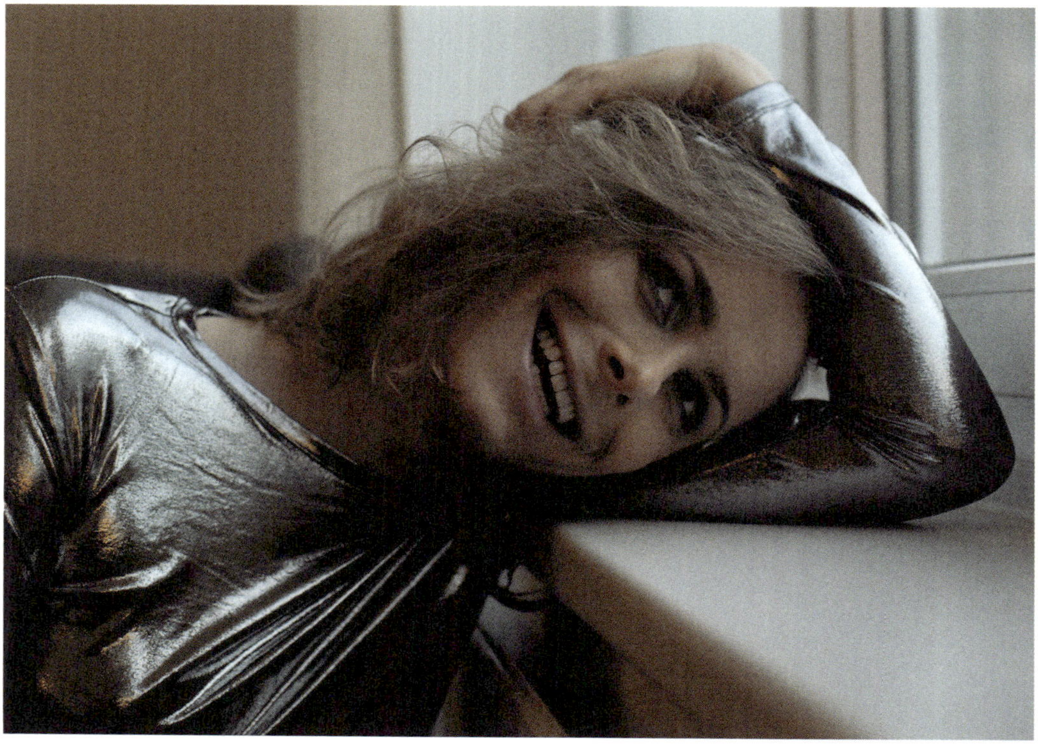

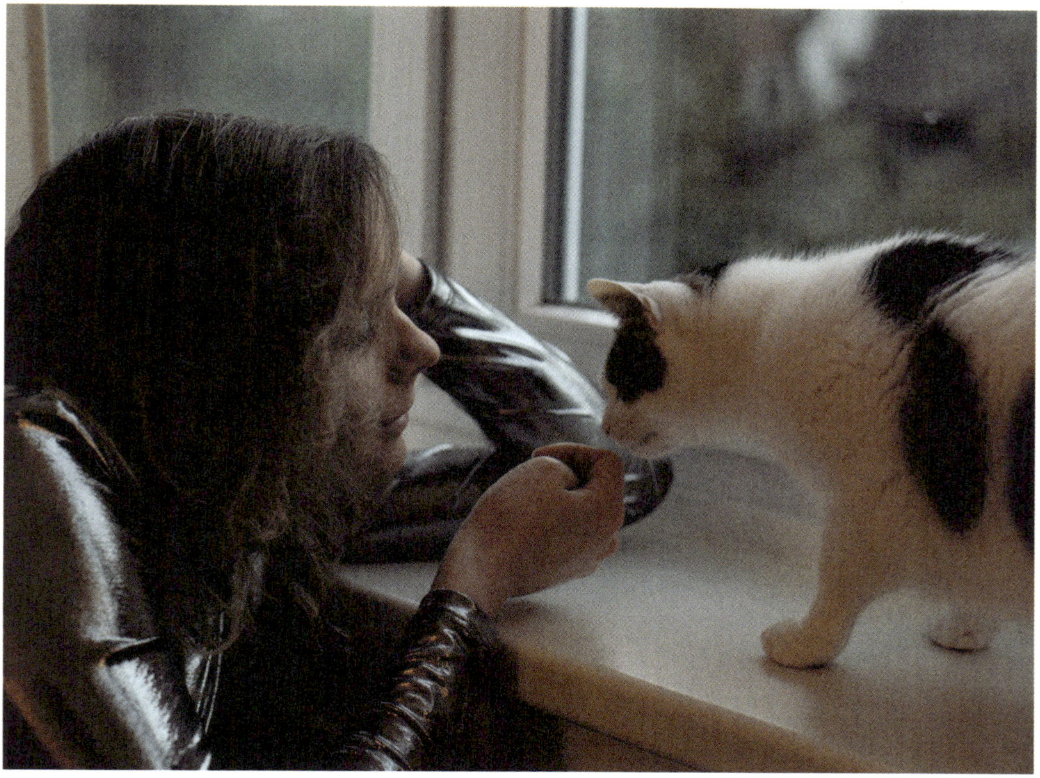

BERUF

Wo will ich hin?

DU BIST, WAS DU TUST

Niemand kommt auf die Welt und weiß, dass er Controller werden will. Man muss von Berufen erst einmal wissen, um auswählen zu können, dass man dies oder jenes werden möchte. Meist kennen wir nur eine überschaubare Anzahl von Berufen, die uns häufig begegnen, wie Arzt, Bankkauffrau, Lehrer, oder Handwerksberufe, zum Beispiel Maler und Heizungsmonteur. Auch die Berufsbilder und Einstellungen unserer Eltern bekommen wir nebenbei vermittelt: Welche Haltung haben sie beispielsweise gegenüber ihrer Arbeit? Waren sie in ihren beruflichen Entscheidungen eher sicherheitsorientiert oder risikofreudig? Vielleicht versuchen die Eltern auch, direkt Einfluss zu nehmen, indem sie beim Lernen helfen, Nachhilfe organisieren oder aber im Gegenteil dazu ermutigen, die Schule nicht überzubewerten und nicht zu ernst zu nehmen.

Daneben können kulturelle Trends und Entwicklungen die eigene Berufswahl mehr oder weniger stark beeinflussen. Im Zuge der Digitalisierung entstehen seit der Jahrtausendwende neue Berufe und Geschäftsfelder, in denen beispielsweise vermehrt Informatiker gesucht werden. Grundlegende digitale Fähigkeiten und Kenntnisse werden heute in fast allen Berufsfeldern so selbstverständlich erwartet wie PC-Kenntnisse in den 1990er-Jahren. Weil sich die digitale Branche mit hoher Geschwindigkeit weiterentwickelt, entstehen auch in immer kürzeren Abständen neue Berufsbilder. Es kann also vorkommen, dass man sich auf eine Stelle bewirbt, von der man vor seiner

BERUFE VER-
ÄNDERN SICH UND
ENTSTEHEN NEU.

Ausbildung oder vor seinem Studium noch nie etwas gehört hat.

Was möchte man antworten, wenn man gefragt wird, welchen Beruf man ausübt? Weil der Beruf etwas darüber sagt, wer man ist, will man nicht einfach irgendetwas machen, sondern einen Job, hinter dem man steht. Aber so unterschiedlich die Berufe sind, so vielfältig sind auch die Gründe, warum Menschen arbeiten. Wir arbeiten zum Beispiel, um Karriere zu machen, uns schöne Dinge leisten zu können, dazuzugehören, eine Familie zu ernähren, die Welt zu verbessern, uns selbst zu verwirklichen. Hier kann man zwischen inneren und äußeren Motiven unterscheiden. Äußere Antriebe sind vor allem Geld, Status und Erfolg, während Selbstverwirklichung, Glück und Sinn eher Dinge sind, die einen von innen heraus motivieren. Wie wichtig ist es mir, was andere von meiner Arbeit denken? Oder ist es entscheidend, dass ich meinen Job als sinnvoll empfinde? Bei der ersten Frage geht es darum, wie viel mir die Anerkennung anderer bedeutet. Beim zweiten Punkt zählt vor allem, wie sehr ich selbst vom Sinn und Zweck meiner Arbeit überzeugt bin. Es kann auch beides wichtig sein, aber manchmal treibt einen das eine mehr an als das andere.

Viele Menschen streben auch danach, etwas zu bewegen und zu verändern. Man will das Gefühl haben, dass die eigene Arbeit einen Nutzen für andere Menschen oder eine Wirkung auf die Welt hat. Diesen Menschen geht es nicht um reine Selbstverwirklichung, sondern sie wollen ihre Arbeit darüber hinaus als sinnvoll erleben. Aber was bedeutet »sinnvoll«, und ist der Sinn von Arbeit nicht für jeden Menschen sehr individuell verschieden? Um das herauszufinden, kann man sich zum Beispiel folgende Fragen stellen: Welches Leid anderer Menschen möchte ich verringern? Wie möchte ich anderen eine Freude

bereiten? Oder auch: Welches Problem würde ich für andere Menschen gern lösen? Dabei gibt es Berufe, die ganz offensichtlich Freude bereiten oder Leid verringern, und Berufe, bei denen das weniger offensichtlich ist. Zahnärztin und Altenpfleger wären zum Beispiel Berufe, die Leid verringern. Make-up-Artisten und Sängerinnen hingegen sind Personen, die Freude bereiten. Allerdings können auch ein Steuerberater und ein Fremdsprachenlehrer das Leid anderer Menschen verkleinern, die nämlich ohne Steuererklärung und ohne Sprachkenntnisse ganz schön blöd dastehen würden. Genauso bereiten ein Bäcker und ein Gärtner Freude, auch wenn es bei ihnen vielleicht weniger offensichtlich ist.

Wenn man merkt, dass die eigene Arbeit für andere nützlich oder hilfreich ist, kann dies zu einem Gefühl von Sinnhaftigkeit und Zufriedenheit führen. Bei vielen Dienstleistungsberufen, wie beim Kellner, Verkäufer oder Frisör, geht es im Alltag vor allem um den Nutzen des Kunden. Woran aber liegt es, dass viele Dienstleistungen eher mit wenig Prestige verbunden sind? Vielleicht weil man denkt, dass sie keine eigenen Produkte erfinden oder herstellen, sondern nur etwas verkaufen, eine neue Frisur oder eine Versicherung. Ein Dienstleister

WAS MAN ALS SINNVOLL ERLEBT, IST EIN WICHTIGER ANTRIEB FÜR DIE ARBEIT.

wäre demnach jemand, der den Kunden erst überzeugen muss und daher besonders vom Markt und vom Geschmack anderer abhängig ist. Andererseits übernehmen Dienstleister manchmal genau die Dinge, die man selbst nicht machen will: Müll entsorgen, Fenster putzen oder Gartenarbeit. Auch das kann dazu führen, dass ihre Arbeit weniger gesellschaftliche Beachtung und Wertschätzung erhält.

Die Berufswahl richtet sich nicht nur danach, was wir selbst als gut und

DER BERUF SAGT ETWAS ÜBER UNSEREN GESELLSCHAFT-LICHEN STATUS AUS.

passend ansehen, sondern auch danach, wie ein Beruf gesellschaftlich bewertet wird. Warum wird man so häufig gefragt, was man werden möchte? »Und, was willst du später mal machen?« dient nicht selten dazu, andere Menschen besser einschätzen und beurteilen zu können. Denn der Berufswunsch verrät nicht nur etwas über die eigenen Fähigkeiten, Ziele und Sehnsüchte. Er gibt auch Auskunft darüber, wie ehrgeizig man ist und welche Rolle man in der Gesellschaft einnehmen will.

111

ENTSCHEIDET MEIN GESCHLECHT, WAS ICH WERDE?

Als Kind hatte man vielleicht einen Traum- oder Lieblingsberuf. Den schrieb man in seinen Steckbrief, erzählte ihn seiner Oma und stellte sich vor, wie es wäre, später mal ins All zu fliegen. Spricht man mit Kindern im Alter zwischen acht und zwölf Jahren über ihren Berufswunsch, stellt man fest, dass sie sich an klassischen Geschlechterrollen orientieren. Jungen möchten gern Fußballer, Polizist oder Feuerwehrmann werden. Mädchen hingegen schwärmen oft von der Arbeit als Tierärztin oder Lehrerin. Auch wenn sich in den meisten Fällen dieser frühe Berufswunsch ändert, wenn man älter wird, bleiben Geschlechterrollen nicht ohne Einfluss.

Noch vor hundert Jahren war die Berufswahl viel stärker

eingeschränkt als heute. Hatte der Vater zum Beispiel eine Werkstatt, eine Metzgerei oder einen Handwerksbetrieb, war es beinahe selbstverständlich, dass man dort mit einstieg und die Werkstatt oder den Betrieb übernahm, wenn alles gut lief. Allerdings gab es im Familienunternehmen nicht immer genügend Platz für alle Kinder. So war es in Bauernfamilien üblich, dass der älteste Sohn den Hof übernahm. (Dasselbe galt übrigens auch für Adelige und Königsfamilien, bei denen in der Regel der älteste Sohn die offizielle Nachfolge antrat und das Anwesen oder Schloss erbte!) Die übrigen Söhne mussten sich eine andere Möglichkeit suchen, für ihren Lebensunterhalt zu sorgen. Dabei war es auch üblich, dass man zunächst gar nicht nur für sich selbst arbeitete, sondern Geld für die Eltern und Geschwister mitverdiente.

BERUFSBILDER UND SOZIALE ROLLEN HABEN EINE LANGE GESCHICHTE.

Welchen Beruf man ausübte, war lange Zeit abhängig von Herkunft, Geschlecht, und Klasse. Traditionell wurde von Männern etwas anderes erwartet als von Frauen. In der ersten und ältesten Demokratie Europas zum Beispiel (in Griechenland, 2500 Jahre vor unserer Zeit) durften nur freie Bürger öffentliche Ämter bekleiden und wählen gehen. Sklaven und Frauen waren davon ausgenommen, denn sie galten nicht als freie Bürger. Männer sollten die Familie ernähren und von Frauen wurde erwartet, dass sie den Haushalt und die Erziehung der Kinder übernahmen.

Tatsächlich war es Frauen sogar lange gesetzlich nicht erlaubt, an Wahlen teilzunehmen, zu studieren oder berufstätig zu sein. In Deutschland erhielten Frauen das Wahlrecht im

Jahr 1918. Bis 1962 durfte eine Frau ohne Zustimmung ihres Mannes kein Bankkonto eröffnen. Wollten Frauen einer eigenen Arbeit nachgehen, mussten sie ihren Ehemann um Erlaubnis fragen. Erst 1977 wurde dieses Gesetz geändert. Bis zum Jahr 2005 gab es in Deutschland nur männliche Bundeskanzler. Wer hingegen heute zwischen sechs und 18 Jahre alt ist, für den ist es ganz normal, dass die Bundeskanzlerin eine Frau ist.

Das Geschlecht kann aber auch heute noch einen Einfluss auf unsere berufliche Entwicklung haben. Es beeinflusst möglicherweise, wie man seine Kompetenzen einschätzt und ob man sich beispielsweise eine Führungsposition zutraut. Vor allem Frauen fühlen sich oftmals über ihr Äußeres bewertet und daher hängt ihr Vertrauen in die eigenen Fähigkeiten auch damit zusammen, wie positiv oder negativ sie ihren Körper wahrnehmen. So hat man beobachtet, dass Frauen, die sich in ihrem Körper nicht wohlfühlen, häufiger ein Bewerbungsgespräch absagen als Frauen, die ein positives Bild von ihrem Körper und ihrem Geschlecht haben. Wahrscheinlich gilt das aber für alle Menschen und Geschlechter, auch wenn dieser Aspekt viel zu selten thematisiert wird.

WIE FINDE ICH DEN BERUF, DER ZU MIR PASST?

Auch wenn die Erwartungen, Vorstellungen und Gründe, warum man einen Beruf ausüben möchte, sehr unterschiedlich sind, ist eine Sache vielleicht besonders naheliegend: Die Arbeit soll so weit wie möglich den eigenen Neigungen entsprechen. Die wichtigste Voraussetzung, um herauszufinden, welcher Job zu einem passt, wäre also, die eigenen Talente und Interessen zu erkennen. Man kann damit anfangen, seine Fähigkeiten und Stärken zu notieren, also alles, was einem selbst zur eigenen Persönlichkeit einfällt: Talente, erfolgreiche Schulfächer, Hobbys, Ehrenämter und alles, was einen auszeichnet. Auch Schwächen sollte man aufschreiben. Allerdings hat man oft kein ausgeglichenes, sachlich stimmiges Bild von sich selbst. Deswegen kann es hilfreich sein, Menschen aus seinem Umfeld zu fragen, wo sie die eigenen Stärken und Schwächen sehen. Auch wenn jede Einschätzung von anderen nur einen Ausschnitt der eigenen Persönlichkeit erfasst, kann man etwas über sich erfahren. Eltern, Geschwister, Freunde und Lehrer haben ihren je eigenen Blickwinkel – Schnittmengen oder Abweichungen, die sich dabei ergeben, können sehr erhellend sein.

NICHT NUR WOMIT, SONDERN AUCH WIE MAN ARBEITET, SOLLTE ZU EINEM PASSEN.

Wenn man weiß, was man kann, stellt sich immer noch die Frage: Will ich denn überhaupt, was ich kann? Tatsächlich sind die meisten Menschen nicht nur für eine Arbeit geeignet, sondern haben mehrere Stärken und Talente, die zu unterschiedlichen Jobs passen. Wer sich nicht entscheiden kann oder gar nicht weiß, was ihn beruflich interessiert, der kann sich auch erst einmal fragen, wie er arbeiten will statt was. Nicht nur das Thema und der Inhalt der Arbeit sollten zu einem passen, sondern auch die Arbeitsweise: Möchte man fünf Tage in der Woche arbeiten oder auch mal am Wochenende? Benötigt man viel Kontakt mit Menschen oder arbeitet man lieber allein?

Dabei sollte man auch versuchen, sich seine Zukunft vorzustellen: wo man leben möchte, wie und mit wem. Ist einem die

Nähe zu Freunden und Familie sehr wichtig oder möchte man viel reisen? Wie macht man Urlaub: in einer Villa mit Pool oder auf dem Campingplatz? Möchte man Kinder haben? Wie auch immer man diese Fragen für sich beantwortet und gewichtet: Ein erfülltes Leben besteht nicht nur aus beruflichem Erfolg. Daher sollten die beruflichen Ziele auch mit den Wünschen, Interessen und Bedürfnissen, die man sonst noch so im Leben hat, zusammenpassen.

WOZU ÜBERHAUPT ARBEITEN?

Wer nicht gerade aus einer sehr reichen Familie stammt oder mehrere Millionen im Lotto gewonnen hat, braucht den Job natürlich zur eigenen Existenzsicherung. Es wird erwartet, dass man seinen Lebensunterhalt verdient und auf eigenen Füßen steht. Es besteht zwar keine gesetzliche Arbeitspflicht so wie die Schulpflicht, die vorschreibt, dass man bis zum 16. Lebensjahr die Schule besuchen muss. Aber es gibt so etwas wie einen zwanglosen Zwang, zu arbeiten. Diese Erwartung wird sichtbar, wenn man sich den gesellschaftlichen Umgang mit Menschen anschaut, die dem Anspruch nicht gerecht werden. Der Staat hat eine Agentur für Menschen, die arbeitslos sind. Um Langzeitarbeitslose zu unterstützen, wurde sogar ein eigenes Programm namens Hartz IV (oder Arbeitslosengeld II) entwickelt. Obwohl es großartig ist, dass es in unserem Staat derartige Sozialleistungen gibt, möchten die meisten diese Unterstützung lieber nicht in Anspruch nehmen. Hartz IV und Langzeitarbeitslosigkeit sind gesellschaftlich mit Scham und sozialem Gesichtsverlust verbunden: Nach außen könnte es so wirken, als habe man sein Leben nicht im Griff und kön-

ne nicht für sich selbst sorgen. Die gesellschaftliche Angst vor der Arbeitslosigkeit ist letztlich eine Angst vor Armut und Abhängigkeit.

Die mit dieser Angst verbundene Idealvorstellung ist, dass jeder Mensch finanziell unabhängig sein soll. Das setzt voraus, dass jedes Individuum prinzipiell frei ist und frei sein soll. Die Idee von der Freiheit des Individuums wurde im Europa des 16. Jahrhunderts geboren. Seitdem wurde diese Freiheit in Gesellschaft, Politik und Gesetz durch zahlreiche Revolutionen, Kämpfe und soziale Bewegungen im Laufe der Jahrhunderte immer mehr durchgesetzt. Im 20. Jahrhundert entwickelte sich die individualistische Gesellschaft, in der die Freiheit des Einzelnen wichtiger ist als die Interessen der Gesellschaft. Wir sprechen heute auch von Individualismus.

Die darin herrschende Unabhängigkeit ist zweischneidig: Einerseits müssen wir unsere Arbeitskraft verkaufen, um individuelle Unabhängigkeit zu erlangen, andererseits sind wir aber auch frei, unsere Arbeitskraft zu verkaufen und uns eine Arbeit zu suchen, die unseren Fähigkeiten entspricht und uns Spaß macht.

ES GIBT EINEN ZWANGLOSEN ZWANG, ZU ARBEITEN.

Zwangloser Zwang bedeutet aber eben: Man darf nicht einfach nur dem nachgehen, wozu man Lust hat, sondern man muss damit auch Geld verdienen. Eine Idee, wie man diese Situation ändern könnte, ist, ein bedingungsloses Grundeinkommen einzuführen. Wenn jeder ein Grundgehalt ausgezahlt bekäme, von dem Miete, Nahrungsmittel und Ähnliches abgedeckt wären, könnte jeder das tun, was er will und was ihm entspricht.

Schaut man etwas genauer hin, gilt das Ideal der individuellen Unabhängigkeit sowieso nicht immer und nicht für jeden gleich. Wir leben zwar in einer individualistischen Gesellschaft, in der jeder erst einmal für sich selbst sorgt, aber es gibt

NIEMAND KANN VOLLSTÄNDIGE UNABHÄNGIKEIT ERREICHEN.

zahlreiche Menschen, die auf Unterstützung angewiesen sind, zum Beispiel Kinder, Menschen, die noch in Ausbildung sind, kranke oder alte Menschen. Dass die Unabhängigkeit des Individuums ein Ideal ist, das nicht permanent erfüllt werden kann, merkt man aber auch an ganz normalen Alltagssituationen. Jeder ist mal krank und jeder ist auf die Unterstützung anderer angewiesen.

FAMILIE ODER ARBEIT?

Während man zunächst für die eigene Existenz und Unabhängigkeit arbeitet, geht es bei einer Familie vor allem um die finanzielle Unterstützung der eigenen Kinder. Eltern haften sogar für ihre Kinder und sind verpflichtet, für ihren Unterhalt zu sorgen. Solange die Kinder minderjährig sind, besteht eine gesetzliche Unterhaltspflicht. Wer dieser Pflicht nicht nachkommt, dem kann im äußersten Fall das Sorgerecht für die eigenen Kinder entzogen werden.

Bevor man allerdings an Familienplanung denkt, sucht man erst einmal den richtigen Partner. In der Regel sind zunächst beide Partner berufstätig. Sobald Kinder kommen, wird jemand benötigt, der sie betreut. Will man die Betreuung und Erziehung nicht überwiegend anderen Personen überlassen, muss einer oder müssen beide weniger arbeiten. Professionel-

Beruf

le Kinderbetreuung kostet in der Regel Geld, das auch
verdient werden muss. Solche ökonomischen Gründe führen unter Umständen dazu, dass der Partner mit dem kleineren Gehalt zu Hause bleibt.
Das bedeutet, der Geringverdiener betreut
die Kinder, und die ganze Familie lebt
vom Gehalt des Mehrverdieners. Dieses Modell wird steuerlich vom
Staat dahingehend gefördert,
dass verheiratete Paare entscheiden können, das Ge-
halt des Mehrverdieners
geringer besteuern zu lassen,
während der Geringverdiener hö-
here Steuern zahlt. So bleibt nach Ab-
zug der Steuern insgesamt mehr Geld übrig,
allerdings verstärkt sich der Gehaltsunterschied
zwischen den beiden Partnern durch die ungleiche
Besteuerung zusätzlich.

KINDERBETREUUNG KANN FINANZIELLE UN-GLEICHHEIT FÖRDERN.

Da immer mehr Frauen erwerbstätig sind, ist nicht mehr
traditionell geregelt, wer sich um die Kinder kümmert. Die
Vereinbarkeit von Beruf und Familie ist so zu einem Thema
geworden, über das sich jeder Gedanken machen muss, der
beides will. Ist es überhaupt möglich, eine Familie zu gründen,
während man sich beruflich orientiert oder an seiner Karriere
arbeitet? Selbstverständlich gehen bei diesem Thema die Mei-
nungen auseinander und es gibt keine Pauschal- oder Ideallö-
sung für die Familiengründung. Schließlich sind die Bedürfnisse und Vorstellungen, wie die eigene Berufstätigkeit aussehen
soll, und die Entscheidung, ob und wie man Kinder bekommen
will, sehr unterschiedlich. Daher ist es letztlich eine Frage der

persönlichen Absprache. Während die einen darüber klagen, dass Beruf und Familie für beide Partner nicht vereinbar seien, sind andere wiederum fest davon überzeugt, dass Arbeiten und Kindererziehung gleichzeitig möglich seien.

Jenseits der Kernfamilie, bestehend aus Mutter, Vater und Kind, gibt es auch andere Modelle, sich gemeinsam zu organisieren. So gibt es Mehrgenerationenhäuser, in denen Ältere junge Eltern bei der Kinderbetreuung unterstützen, während die Jüngeren zum Beispiel den Senioren bei schweren Haushaltstätigkeiten behilflich sind. Möglich ist auch eine Verkürzung der Arbeitszeit. Um sich die Arbeitszeit besser einteilen zu können, arbeiten manche Eltern tageweise von zu Hause, um Beruf und Familie besser unter einen Hut zu bringen.

Trotz vieler Möglichkeiten sind junge Eltern manchmal überfordert, weil sich berufliche Ziele und Familienplanung nicht immer wie gewünscht vereinbaren lassen. Oft macht es bereits einen Unterschied, ob man auf dem Land oder in der Stadt wohnt, da die Lebenshaltungs- und die Betreuungskosten in der Stadt deutlich höher sind. Außerdem leben die Großeltern vielleicht eher auf dem Land und können besser helfen, wenn sie in der Nähe sind. Viele Arbeitsmöglichkeiten gibt es allerdings vor allem in der Stadt.

Neue Freiheiten bringen auch neue Entscheidungen mit sich! Bei der klassischen Rollenverteilung musste sich früher niemand für seine Rolle rechtfertigen, weil die Entscheidung gesellschaftlich vorgegeben war. Als Frau war man in der Familie vor allem für Haushalt und Kinder zuständig, während Männern

SOZIALE ROLLEN KÖNNEN NEU DEFINIERT WERDEN.

die Rolle des Versorgers und Ernährers zugeschrieben wurde. Von ihnen wurde grundsätzlich erwartet, dass sie arbeiten und Geld verdienen. Heute ist der Rahmen der Familienorganisation weniger vorgegeben: Männer haben das Recht, in Elternzeit zu gehen, um sich an der Kindererziehung zu beteiligen. Ebenso haben Frauen heute rechtlich die gleichen beruflichen Möglichkeiten wie Männer. Trotzdem gibt der gesetzliche Rahmen die sozialen Rollen nicht vor – sie müssen von jedem Einzelnen und von der Gesellschaft neu ausgehandelt werden.

Wer bin ich wo?

JULIAN LITSCHKO

Da du mich manchmal vergisst,
zeige ich dir mein Gesicht.
Ein Gesicht – ich habe viele.

Du triffst mich in verschiedener
Gestalt. Vielleicht in einer, die
dir nicht unbedingt gefällt.

Mal bin ich eine,
mal bin ich viele ...

... und wechsle meine Rollen
wie Kleidungsstücke.

Es macht mich oft müde,
dir und anderen zu gefallen.

Erholung finde ich in
meinem Lieblingslokal.

Du weißt, wo ich wohne.

Und wie ich lebe.

Welche Dinge ich mag.

Welche Laster ich habe.

Wann ich bin ...

... und wo.

Ich bin dein Sternenhimmel,
ein Angebot von Anlagen und Ideen,
von Konturen und Befindlichkeiten.

Man kennt die Spuren,
die ich hinterlasse.

Ich bin die Spur, die du
hinterlässt.

Du bist jetzt ein Mann

PHILIPP NEUDERT

Weil es mein achtzehnter Geburtstag ist, stehen Jugendliche mit Plastikbechern und Zigaretten in unserem Garten herum. Mein Bruder Vincent hat Aktivlautsprecher auf der Terrasse platziert und beschallt die Gäste mit seiner Spotify-Playlist *Party Vibes#18*. Seine Musikauswahl scheint gut anzukommen. Die Stimmung ist locker. Die letzte halbe Stunde habe ich die Runde gemacht, um wenigstens einmal mit jedem zu sprechen. Niemand soll sich vernachlässigt fühlen. Ich habe umarmt, gelächelt und mich für Schnapsflaschen und Tankgutscheine bedankt. Es läuft. Von der Terrasse aus kann ich die gesamte Party überblicken. Mit halbem Auge halte ich Ausschau nach Sophies blond gelockter Mähne. Vielleicht hat Vincent sie unter einem Vorwand irgendwohin gelockt, wo er versuchen wird, sie zu küssen. Es wird ihm wieder misslingen. Sophie will nichts von ihm. Ich mache mir keine Gedanken darüber. Ohne konkreten Grund schaue ich in den Himmel. Es ist ein wenig wolkig geworden, sieht aber nicht nach Regen aus.

Sophie kommt aus dem Haus. Sie trägt ein tief ausgeschnittenes schwarzes Top und trinkt Mischbier aus der Flasche. Wir stoßen an.

»Wie gefällt dir deine Party?«, fragt sie.

»Gut«, antworte ich und ziehe an meiner Zigarette, wohl etwas zu lässig, sie hebt spöttisch eine

Augenbraue. In unsere Gesprächspause hinein lärmt irgendein Techno-Stück, und ich denke: Ich hätte doch auf anderer Musik bestehen sollen.

»Es sieht ein bisschen nach Regen aus«, sage ich, um irgendetwas zu sagen.

Sophie schaut kurz nach oben und schüttelt den Kopf. »Ich glaube eher, die Sonne kommt wieder raus.«

Ich zucke die Schultern. »Wahrscheinlich hast du recht.«

»Dann sei ein guter Junge und lächle.«

Seit meine Eltern Sophie letztes Jahr dafür bezahlt haben, mir Nachhilfe in Mathe und Latein zu geben, ist der gute Junge eine Art Running Gag zwischen uns. Sophie war zum ersten Mal bei uns. Meine Mutter führte uns aus dem Haus in den Garten. Es war Sommer wie jetzt, die Sonne schien, auf dem Gartentisch standen Kekse und Limonade bereit. Meine Mutter sagte: »Sei ein guter Junge«, lachte und verschwand. Sophie und ich schauten uns an und mussten lachen. Bald begann ich mich auf die Nachmittage mit ihr zu freuen. Zwei- oder dreimal trafen wir uns nach der Schule.

Letztes Jahr ist sie zum Studieren nach München gezogen.

»Ich glaube, ich vermisse die Nachmittage mit dir«, sage ich.

»Ich glaube, ich auch.«

Sie starrt mich an, ohne zu blinzeln, ich gehe auf
das Spiel ein, wir haben es schon oft gespielt. Weil
ich angetrunken bin, halte ich länger durch als
sonst. Sophie gewinnt, wie immer.

»Wie gefällt dir das Studium?«, frage ich.

Sie ahmt mich nach und zieht an einer imaginä-
ren Zigarette. »Gut.«

Ich biete ihr eine echte an. Zu meiner Überra-
schung greift sie zu. »München ist, was soll ich
sagen, nett. Manchmal vermisse ich es, hier zu
sein. Was willst du eigentlich machen, wenn du
fertig bist?«

»Das hat Vincent auch schon gefragt. Ich gebe
dir die gleiche Antwort wie ihm: ›Ich weiß es
nicht.‹«

Vincent hatte nichts gesagt, nur mehrmals den
Kopf geschüttelt. Es war ungefähr eine Minute
still. Dann schaute er mich bedeutungsvoll über
den dicken, schwarzen Rand seiner Brille an. »Du
musst anfangen, Entscheidungen zu treffen. Du
bist jetzt ein Mann.«

Ich weiß nicht, warum, aber der Satz hat mich
furchtbar aufgeregt.

»Halt doch die Klappe«, sagte ich. »Das weiß ich
doch selber. Das weiß doch jeder. Ich mach mich
doch schon selber verrückt deswegen.«

Vincent grinste. Er studiert seit zwei Jahren BWL in München. Seit zwei Jahren ist er die Selbstzufriedenheit in Person. »Hast du wenigstens schon mal mit einer geschlafen?«

»Werde doch erwachsen«, sagte ich und stand auf, um schlafen zu gehen. Ich war müde. Vielleicht hatte ich die letzten Sätze auch geträumt.

»Es hat ja noch Zeit«, antwortet Sophie, und ich lächle.

»Ja, ich denke auch.«

»Hey, Geburtstagskind!« Vincents muskulöser Arm landet auf meiner Schulter. Fast wäre mir die Zigarette aus der Hand gefallen. Mit der anderen Hand hält er mir einen Becher Wodka-O hin. »Sophie, hey! Dich hab ich schon gesucht.«

Sie drückt ihre Zigarette aus. »Ich dachte, wir waren fertig.«

Vincent übergeht ihre Antwort und erzählt vom Biertrichtern hinter dem Schuppen. »Ich hab schon mein Drittes getrichtert«, bekennt er und grinst. »Du musst auch noch eins trichtern. Und dir, Sophie, zeig ich nachher noch was!«

»Ich kümmere mich um das Geburtstagskind«, antwortet sie kühl.

Ich nehme endlich den Becher aus Vincents Hand und trinke einen größeren Schluck, als ich eigentlich gewollt habe.

»Gut so«, ruft Vincent und stößt mich an, »immer schön saufen. Ist es nicht ein geiler Tag?«

»Ja«, sage ich.

»Wirklich geil«, sagt Vincent, er nickt mehrmals mit dem Kopf und sieht abwechselnd mich und Sophie an, bis Sophie den Blick abwendet.

Ich trinke einen großen Schluck Wodka-O. Eine Rakete erhebt sich in den Nachmittagshimmel. Ich weiß sofort, dass das Torben gewesen ist. Vincent lässt mich los und macht sich auf die Suche nach dem Raketenanzünder.

Als es Nacht wird, feuern wir die restlichen Raketen ab. Um elf machen wir die Musik leiser. Gegen zwölf fürchte ich, jeden Moment einzuschlafen. Gegen eins brechen die letzten Gäste auf.

Sophie ist ins Haus gegangen, wahrscheinlich, um ihre Tasche zu holen. Ich bin auf der Terrasse sitzen geblieben. Ich weiß nicht, wo Vincent steckt. Sophie kommt zurück. Sie bleibt in der Tür stehen. Weil im Wohnzimmer das Licht brennt, sieht sie aus wie ein schwarzer Schatten. »Soll ich noch aufräumen helfen oder so?«

Ich schüttle den Kopf. »Das machen wir alles morgen. Willst du dich noch kurz zu mir setzen?«

Sie zögert. »Wo ist Vincent?«

»Schlafen gegangen, glaube ich.«

Ich kann nicht sehen, ob sie lächelt.

»Setzt du dich noch kurz?«

Es entsteht eine Pause. Sie ist zu lang. Ich beschließe, mir eine letzte Zigarette anzuzünden. Es ist still. Ich denke an nichts.

Sophie kommt näher. »Zeit, Gute Nacht zu sagen.«

Ich lache, es klingt etwas künstlich. »Ja. Gute Nacht.«

Ich stehe auf. Wir umarmen uns zum Abschied. »Komm gut nach Hause.«

»Es ist ja nicht weit.«

»Soll ich ...?«

»Nein. Es geht schon.«

Ich nicke und ziehe an meiner Zigarette.

»Dann ... bis bald.«

»Bis bald«, sagt Sophie und geht über den Rasen zur Gartentür. Ich winke ihr nach. Aber weil es dunkel ist, bin ich nicht sicher, ob sie es sieht oder nicht.

ZUSAMMEN LEBEN

Verändern wir die Welt?

WER ENTSCHEIDET ÜBER DIE
BEDEUTUNG VON BEGRIFFEN?

Was bedeutet dein Name für dich? Magst du ihn? Der Name ist ein Zeichen für unsere kulturellen und regionalen Wurzeln und eine Verbindung zu unseren Eltern. Dabei ist es für die eigene Identität wichtig, dass man sich mit seinem Namen identifiziert. Für Menschen, deren Namen nicht zu ihrem Geschlecht passt, kann es schmerzhaft sein, den eigenen Namen zu hören und dabei das Gefühl zu haben: »Das bin ich nicht.«

Natürlich könnte man sagen, dass ein Name nur etwas ist, das auf Papier steht und einen nicht weiter beschreibt. Allerdings hört man seinen Rufnamen ständig und muss ihn immer wieder aufschreiben und angeben. Bei Bewerbungen kann der Name sogar entscheidend dafür sein, ob man in die engere Auswahl kommt. Statistisch gesehen, wird man in Deutschland häufiger zu Bewerbungsgesprächen eingeladen, wenn man Meier, Schmidt oder Becker heißt. Haben andererseits Migranten einen Namen aus dem Einwandererland angenommen, kann es vorkommen, dass sie stutzig angeschaut werden, weil ihr Gegenüber den Nachnamen und das Aussehen nicht zusammenbringt. Beim eigenen Namen geht es also nicht nur darum, wie sehr man sich selbst mit ihm identifiziert, sondern auch, was er für andere bedeutet.

Ist »Macht« gut oder schlecht? Das hängt ganz davon ab, was man damit meint und in welchem Zusammenhang man das Wort verwendet. »Macht« kann negativ besetzt sein, wenn zum Beispiel jemand zu viel Macht besitzt oder seine Macht missbraucht. Andererseits gilt Macht auch als erstrebenswert

NAMEN HABEN EINE AUSSENWIRKUNG.

und sogar attraktivitätssteigernd. Tatsächlich haben Wörter nicht immer
eine eindeutige oder einheitliche Bedeutung. Was bezeichnet man zum Beispiel mit
dem Wort »Heimat«? Wel-

che Erlebnisse, Gefühle und Gedanken fließen bei jedem Menschen in den Begriff hinein und verändern so seine Bedeutung?
Es kann auch unterschiedliche Bezeichnungen für ein und dieselbe Sache geben. Abtreibung und Schwangerschaftsunterbrechung meinen zum Beispiel denselben Sachverhalt, die mit dem
Begriff einhergehende moralische Bewertung ist jedoch sehr
unterschiedlich.

Hier zeigt sich ganz deutlich: Sprache bildet die Welt nicht
spiegelbildlich ab, sondern formt unsere Realität. Ein Wort ist
kein Etikett, das einfach an einem Gegenstand oder Sachverhalt haftet. Die Beziehung zwischen Wort und Wortinhalt ist
deswegen aber nicht völlig zufällig, denn wenn jeder die Dinge
und Ideen so bezeichnete, wie er wollte, wäre eine Verständi-
gung untereinander unmöglich. Vielmehr legt eine Gesellschaft
gemeinsam fest, welche Bedeutung oder Bedeutungen sie einem Wort zuordnet.

Sollte man »Negerkuss« sagen? Ist »hartzen« ein beleidigen-
des Wort? Wer entscheidet, was man sagen darf und was nicht?
Sprachliche Benennungen sind, so der Philosoph Friedrich
Nietzsche, auch ein Ausdruck von Macht. Denn wer bestim-
men darf, wie man etwas nennt, der kann über die Bewertung
einer Sache entscheiden. Er verfügt also über eine Deutungshoheit. In Gesellschaften ist diese Deutungshoheit umkämpft.
Das trifft vor allem auf den Bereich der Politik zu, denn politische Ideen und Gesetze werden sprachlich verfasst, was bedeu-

135

tet, dass sie auch sprachlich verhandelt, begründet, vermittelt, legitimiert, kritisiert und verworfen werden. Gesellschaftliche Gruppen streiten regelmäßig darüber, wie bestimmte Sachverhalte oder Probleme bezeichnet und wie diese Bezeichnungen interpretiert werden. Dabei ist jede Gruppierung daran interessiert, ihre eigene Bezeichnung durchzusetzen, weil sie zugleich die eigene Sicht der Dinge ausdrückt.

Aus diesem Grund wird in der Öffentlichkeit so häufig darüber gestritten, was als »wahre«, »objektive«, »richtige« oder »angemessene« Bezeichnung für eine Sache oder ein Problem zu gelten habe. Dabei werden solche Auseinandersetzungen um angemessene Bezeichnungen oft indirekt ausgetragen, indem unterschiedliche Begriffe verwendet oder die gleichen Begriffe mit verschiedenen Bedeutungen verbunden werden. Manchmal kommt es aber auch zu einem expliziten Streit über die richtige oder falsche Bezeichnung. Jeder Begriff, der neu in den Sprachgebrauch eingeführt wird, ist erst einmal vorläufig, und es dauert eine Zeit, bis er beispielsweise in den Duden aufgenommen wird.

IN DER SPRACHE SPIEGELT SICH DIE GESELLSCHAFTLICHE ORDNUNG.

Genauso kann es passieren, dass sich eine eingeführte Bezeichnung nicht durchsetzt und wieder aus dem Sprachgebrauch verschwindet.

Wer über offizielle Sprachregelungen diskutiert, streitet auch über die Gesellschaftsordnung. So wird zum Beispiel viel darüber diskutiert, wie man die Gleichstellung von Männern und Frauen verstehen und bewerten soll. Dabei ist die Gleichstellung im deutschen Grundgesetz zunächst folgendermaßen festgeschrieben: »Männer und Frauen sind gleichberechtigt. Der

Staat fördert die tatsächliche Durchsetzung der Gleichberechtigung von Frauen und Männern und wirkt auf die Beseitigung bestehender Nachteile hin.« Die deutsche Bundesregierung hat sich dazu verpflichtet, die Gleichstellung von Frauen und Männern anzuerkennen und im Rahmen ihrer Möglichkeiten durchzusetzen. Eine Strategie hierfür wird »Gender-Mainstreaming« genannt. Damit ist gemeint, dass die Politik, aber auch Organisationen und Institutionen in allem, was sie tun, die Gleichstellung von Männern und Frauen im Blick haben sollen. Alle Maßnahmen müssen also daraufhin geprüft werden, ob sie mit der angestrebten Gleichberechtigung vereinbar sind, was wiederum voraussetzt, dass die unterschiedlichen Lebenslagen von Frauen und Männern und die Auswirkungen auf beide Geschlechter berücksichtigt werden. Besonders öffentliche Institutionen wie Hochschulen sind dazu aufgefordert, die Gleichstellungsstrategie umzusetzen. Trotz dieser eindeutigen gesetzlichen Bestimmungen wird die Gleichstellung heiß diskutiert. Schon die Wörter Gender, Gender-Mainstreaming und Genderwissenschaft sind gesellschaftlich umstritten. Wo die einen eine wissenschaftlich und politisch fundierte Notwendigkeit erkennen, die Gleichheit und Fortschritt herbeiführt, sehen andere darin überhaupt keinen Sinn. Für manche geht die Gender-Debatte an den wahren Problemen des Lebens einfach vorbei.

Derartige Auseinandersetzungen sind für eine Gesellschaft nichts Neues oder Besonderes. Auch der Streit um Wörter wie »Abtreibung« und »Negerkuss« wird öffentlich ausgetragen. Abtreibungsgegner verwenden das Wort »Abtreibung«, weil sie so betonen wollen, dass es sich dabei um die Tötung menschlichen Lebens handelt. Einige Abtreibungsbefürworter hingegen wählten das Wort »Schwangerschaftsunterbrechung«, weil für sie die Selbstbestimmung über den eigenen Körper ein wichtiger Aspekt ist. Sie wendeten sich explizit gegen den Begriff der Abtreibung, weil darin die Bedeutung von Mord und Tötung mitschwinge. Die Abtreibungsgegner kritisierten den Ausdruck Schwangerschaftsunterbrechung als verharmlosende Bezeichnung, da damit suggeriert werde, eine Frau könne die einmal unterbrochene Schwangerschaft wieder fortsetzen. Der Kampf um die richtige Bezeichnung war hier auch ein Streit darüber, wie man den Eingriff in die Schwangerschaft moralisch bewertet. Am Ende hat sich übrigens der Begriff »Schwangerschaftsabbruch« durchgesetzt.

BEGRIFFE KÖNNEN IN DEN SPRACHGEBRAUCH EINGEFÜHRT UND WIEDER VERWORFEN WERDEN.

WIE FUNKTIONIERT SOZIALE AUSGRENZUNG?

Was macht man, wenn man jemanden als Idioten bezeichnet? Man beschimpft und beleidigt diesen Jemand. Mit Wörtern sagen wir nicht nur etwas, sondern wir tun auch etwas: Wir können flirten, Witze erzählen, rappen und fluchen. Man kann auch gezielt jemanden angreifen und verletzen. Wird jemand aufgrund seines Aussehens, seiner Herkunft oder seiner Geschlechtsidentität benachteiligt, nennt man das Diskriminierung. Während sich Mobbing meist gegen einzelne Personen richtet, ist soziale Diskriminierung ein gesellschaftliches Problem, von dem ganze Gruppen betroffen sind.

Der Soziologe Erving Goffman hat sich bereits in den 1960er-Jahren intensiv mit gesellschaftlicher Diskriminierung beschäftigt. Wenn man andere als anormal oder abweichend bewertet, dann versieht man sie mit einem Stigma, so Goffman. Dabei unterscheidet er drei Arten der Stigmatisierung. Zum einen werden Personen wegen körperlicher Auffälligkeiten als abweichend klassifiziert, zum Beispiel Übergewicht oder eine körperliche Behinderung. Hier bezieht sich das Stigma auf den menschlichen Körper. Die zweite Art der Diskriminierung zielt auf die Persönlichkeit und eventuelle Charaktermängel. Das können psychische Erkrankungen sein, aber auch ein Gefängnisaufenthalt, eine Sucht, ein Selbstmordversuch oder Arbeitslosigkeit. Das dritte Stigma bezieht sich auf die Zugehörigkeit zu einer bestimmten Gruppe. Es kann die Nationalität und die Herkunft betreffen, aber auch die Zugehörigkeit zu einer Religion, einer politischen Partei oder zu einem Geschlecht. Stigmatisierung hat oftmals den psychologischen Effekt, dass sich die stigmatisierende Gruppe im Gegensatz zu den Stigmatisierten normal fühlen kann, weil sie eben den entsprechenden vermeintlichen Makel nicht hat. Vielleicht ist soziale Ausgrenzung genau deshalb so verbreitet, weil man sich dadurch seine eigene Normalität bestätigen kann.

Soziale Ausgrenzung trifft besonders diejenigen, die mehrere solcher »Makel« haben. So kann ein und dieselbe Person aufgrund ihres Geschlechts, ihrer Hautfarbe, ihrer sexuellen

WER ANDERE STIGMATISIERT, BESTÄTIGT SEINE EIGENE NORMALITÄT.

Zusammenleben.

Orientierung, ihres Berufs, ihres Gewichts und ihrer Armut diskriminiert werden. Jemand ist zum Beispiel weiblich, wenig gebildet, übergewichtig und arm. Wird diese Person benachteiligt und ausgegrenzt, spricht man von Mehrfachdiskriminierung, weil es mehr als einen gesellschaftlichen Auslöser gibt. Benachteiligung führt dazu, dass die betroffenen Personen übersehen werden und niemand ihre Interessen vertritt. In der Öffentlichkeit und der Politik tauchen benachteiligte Menschen oftmals gar nicht auf.

Wird die Frauenbewegung zum Beispiel von weißen Akademikerinnen angeführt, dann werden andere benachteiligte Frauen, wie farbige Frauen oder weiße weniger gebildete Frauen, möglicherweise übersehen. Deren Probleme können sich aber durchaus von denen der weißen Akademikerinnen unterscheiden – Frauen haben nicht dieselben gesellschaftlichen Interessen, nur weil sie das gleiche Geschlecht haben. Dasselbe Prinzip gilt auch für die Schwulenbewegung, wenn dort vor allem weiße Homosexuelle mit einem hohen sozialen Status an der Spitze stehen. In allen politischen Bewegungen, die sich für die Rechte einer bestimmten Gruppe einsetzen, kann man also immer auch darauf schauen, welche Benachteiligung anderer gesellschaftlicher Gruppen dadurch wiederum verdeckt oder übersehen wird.

140

KANN MAN MIT SPRACHE DIE GESELLSCHAFT VERÄNDERN?

Ist Andrea männlich oder weiblich? Während wir Andrea und Maria in Deutschland meist nur als weibliche Vornamen kennen, sind sie in Italien übliche Männervornamen. Auch in der deutschen Sprache kennen wir Namen wie Micha und Alex, also häufig Abkürzungen, die geschlechtsneutral sind. In unserer Sprache gibt es zahlreiche Formulierungen, die zwar ein grammatisches Geschlecht haben, aber geschlechtsneutral gemeint sind. Um sich das bewusst zu machen, kann man seinen Sprachgebrauch kritisch hinterfragen. Warum heißt es hier »seinen Sprachgebrauch« und nicht »ihren Sprachgebrauch«? Wieso folgen auf »niemand« und »man« männliche Pronomen wie »sein« und »seine«? Hier greift das sogenannte generische Maskulinum. Wörter wie »man«, »jemand« und »niemand« folgen alle derselben grammatischen Regel: Wenn man sich auf Personen bezieht, deren Geschlecht unbekannt ist, oder wenn sowohl männliche als auch weibliche Personen gemeint sind, verwendet man die männliche Form. Das generische Maskulinum bezieht sich also auf Personen unabhängig von ihrem Geschlecht. Das grammatische Geschlecht ist dabei nicht zu verwechseln mit dem biologischen Geschlecht. Man würde ja zum Beispiel auch nicht sagen, dass die Sonne biologisch gesehen weiblich ist.

Zunächst einmal ist es praktisch, wenn man verallgemeinernd eine Form verwenden kann, ohne genau angeben zu müssen, welches Geschlecht die gemeinten Personen tatsächlich haben. Fragt man allerdings Menschen auf der Straße nach drei bekannten Schauspielern, werden in der Regel doppelt so viele Männer genannt wie Frauen. Sprachwissenschaftliche und psychologische Studien haben nachgewiesen, wie groß der Einfluss von Sprache ist: Wenn wir von Politikern, Lesern, Studenten sprechen, dann aktiviert das in unserem Gedächtnis vor allem männliche Personengruppen. Verwenden wir ein neutrales Wort (Lesende) oder die Paarform (Leser und Leserinnen), stehen uns imaginär Männer und Frauen vor Augen. Wenn Sprache unser Bewusstsein prägt, kann und sollte man dann über Eingriffe in die Sprache eine andere Wahrnehmung und mehr Gerechtigkeit zu erreichen versuchen? Oder haben sprachliche Änderungen doch keinen so großen Einfluss auf unser Denken und Handeln? Wie sehr das generische Maskulinum zur gewohnten Norm geworden ist, merkt man, wenn man ein generisches Femininum wie »Bäckerinnen« und »Anwohnerinnen« verwendet.

Bisher fehlt eine Einigung darüber, wie man diese gesellschaftlich entstandene Sprachnorm des generischen Maskulinums gerechter gestalten kann. Was sollte man zum Beispiel statt »Studenten« sagen? Die Vorschläge reichen von der Nennung beider Geschlechter (»Studenten und Studentinnen«) über neutrale Formulierungen (»Studierende«) bis hin zu »StudentInnen«, »Student_innen« und »Student*innen«. Egal, welche dieser Lösungen man bevorzugt, man kann jedenfalls feststellen, dass unsere Gesellschaft ständig über bestimmte Sprachregulierungen streitet

DAS GRAMMATISCHE GESCHLECHT VON WÖRTERN BEEINFLUSST UNSER DENKEN.

und so ihren eigenen Sprachwandel vorantreibt. So wurde für Männer, die als Hebammen arbeiten, der Begriff Entbindungspfleger erfunden, weil man bei Hebamme normalerweise ausschließlich an Frauen denkt.

Vielleicht fehlen uns bisher einfach die passenden Wörter. Im Chinesischen wird für Frauen und Männer dasselbe Personalpronomen (»ta«) verwendet, dort muss man sich also gar nicht zwischen »er« und »sie« entscheiden. In Schweden hat man neben den beiden Personalpronomen »han« (er) und »hon« (sie) das neutrale »hen« neu eingeführt. Dadurch werden zum einen auch Menschen berücksichtigt, die sich nicht als Männer oder Frauen verstehen. Zum anderen erlaubt es, über Personen zu sprechen, ohne sie geschlechtlich zuzuordnen, wenn das Geschlecht nicht bekannt oder schlicht irrelevant ist.

Neben einer sprachlichen Regelung bedarf es aber auch einer rechtlichen Grundlage, damit neue Identitäten sichtbar und gesellschaftlich anerkannt werden. Man braucht zum Beispiel die rechtliche Möglichkeit, sich ein anderes oder drittes Geschlecht in den Pass zu schreiben, wie es 2017 der Bundesgerichtshof für Intersexuelle und Menschen, die sich weder als Mann noch Frau einordnen, entschieden hat. Damit es gesellschaftlich akzeptiert wird, braucht es eine offizielle Ansprache, auf die man sich einigt. Müssen wir hierfür den allgemeinen Sprachgebrauch ändern oder sollte man sich selbst aussuchen können, wie man angesprochen werden will? Beim Schutz der individuellen Geschlechtsidentität geht es um die Wahrung grundlegender Menschenrechte: der Würde des Menschen, des Rechts auf körperliche Unversehrtheit und der freien Entfaltung der Persönlichkeit.

INDIVIDUELLE GESCHLECHTSIDENTITÄT IST EIN MENSCHENRECHT.

143

WIE GLEICH ODER UNTERSCHIEDLICH WOLLEN WIR SEIN?

Der gesellschaftliche Kampf um die Gleichstellung von Männern und Frauen hat viele wichtige Fragen aufgeworfen. Bei der Lohngleichheit im Beruf geht es zum Beispiel darum, ob Männer und Frauen gleiche Rechte haben und ob sie bei gleicher Arbeit und Qualifikation gleich viel verdienen. So hat Island ein Gesetz verabschiedet, das die ungleiche Bezahlung von Männern und Frauen für dieselbe Stelle unter Strafe stellt. Im Hinblick auf das geschichtliche Verständnis unserer Gesellschaft kann man fragen, ob es unsere Sicht auf die Vergangenheit und die Geschichte der Menschheit beeinflusst, dass die meisten Historiker bisher männlich waren. Tatsächlich ist die Sicht auf unsere Geschichte und ihre Rollenbilder manchmal einseitig. Die meisten kennen viele männliche Könige und Kaiser, aber es gab auch Herrscherinnen und rebellische Aktivistinnen, die gegen Ungerechtigkeit protestierten. Genauso gab es in der Vergangenheit viele Frauen, die Entdeckerinnen, Forscherinnen und Wissenschaftlerinnen waren und unbekannte Pflanzen, andere Ethnien und gefährliche Tiere erforschten.

Ein Blick in die Geschichte zeigt unter anderem auch, dass sich das, was als männlich oder weiblich gilt, verändern kann: So galt Rosa als das »kleine Rot« noch vor hundert Jahren als eine Jungenfarbe. Es stand für Leidenschaft, für den griechischen Gott der Liebe (Eros) und für Kampf. Blau war damals die Farbe für die Frau. Die Zeiten haben sich geändert. Die gegenwärtige Variante des geschlechtsspezifischen Marketings sorgt dafür, dass Mädchen ab ihrer Geburt systematisch mit rosafarbenen Produkten umgeben werden und Jungen mit Hellblau.

Unterschiede zwischen den Geschlechtern können auch über Zensur markiert werden. So sind Brustwarzen auf Instagram und Facebook zum Beispiel verboten. Allerdings nicht alle Brustwarzen, sondern nur die von Frauen. Fotos männlicher Brustwarzen sind erlaubt. Ebenso Fotos weiblicher Brust-

WER SEINEN KÖRPER WIE ZEIGEN DARF, WIRD AUCH DURCH ZENSUR FESTGELEGT.

warzen, die Narben nach einer Brustamputation oder aktiv stillende Mütter zeigen. Insgesamt gilt aber, dass die meisten weiblichen Brustwarzen unerwünscht sind. Gegen diese umstrittene Regel wehren sich Aktivisten unter anderem mit dem Projekt »Genderless Nipples«, indem sie Fotos mit Brustwarzen zeigen, die sich – ohne den restlichen Körper – gar nicht eindeutig einem Geschlecht zuordnen lassen. Diese Aktion zeigt, wie man sich gesellschaftlichen Kategorien und eindeutigen Bezeichnungen entziehen kann.

Wenn sich die Sängerin Miley Cyrus öffentlich als geschlechtsneutral oder »genderfluid« bezeichnet, dann ist das vielleicht mehr als ein flüchtiger Trend. Es steht für einen individuellen Umgang mit dem Geschlecht: Man traut dem eigenen Gefühl und orientiert sich nicht nur an den gesellschaftlichen und biologischen Kategorien. Für genderfluide Menschen kann es sich völlig normal anfühlen, dass man sich nicht auf ein Geschlecht festlegen will, weil man sich mal dem einen und mal dem anderen zugehörig fühlt. Andere wiederum beschreiben ihre Geschlechtsidentität eher als neutral, weil sie sich keinem zugehörig fühlen. Damit ist natürlich noch nicht entschieden, wie man das dann nennt, ob beispielsweise neutral, nicht binär, queer oder menschlich. Eröffnet wird damit neben männlich und weiblich auf jeden Fall eine weitere Perspektive, die daran erinnert, dass die persönliche Identifikation mit dem eigenen Geschlecht nur ein Aspekt unserer Identität ist.

Tatsächlich kann man sich fragen, wozu wir die Unterschie-

145

de zwischen den Geschlechtern so sehr pflegen. Wollen wir als Gesellschaft die Unterschiede oder die Gleichheit der Geschlechter betonen? Bereits die erste Frauenbewegung hat sich diese Frage gestellt und bestand von Anfang an aus zwei Gruppen mit unterschiedlichen Ansichten. Die eine betont die prinzipielle Andersartigkeit von Frauen (Differenzfeminismus). Die andere vertritt die Ansicht, Mann und Frau seien von Natur aus gleich. Hierbei spricht man von Gleichheitsfeminismus. Eine der wichtigsten Gleichheitsfeministinnen des 20. Jahrhunderts ist die französische Philosophin und Schriftstellerin Simone de Beauvoir, die davon überzeugt war, dass man nicht als Frau geboren werde. Sie meinte, es seien die sozialen und kulturellen Prozesse, die aus einer Frau eine Frau machen. Daher ihr berühmter Satz: »Man kommt nicht als Frau zur Welt. Man wird es.«

146

Simone de Beauvoir hat sich bewusst gegen ein Leben mit Kind und Küche entschieden. Für sie war jeder Mensch nicht nur frei, sondern auch verantwortlich für die soziale Rolle, die er in seinem Leben annimmt. Mut sah sie als wichtigste Voraussetzung an, um sich von den vorherrschenden Konventionen und Rollenbildern nicht vereinnahmen zu lassen. Denn es wird einem nicht von außen einfach aufgezwungen, wie man sich zu verhalten hat. Jeder eignet sich bestimmte Eigenschaften und Verhaltensweisen auch an und gestaltet so seine soziale Rolle. Heute spricht man hierbei von »Doing Gender«, weil jeder Mensch durch sein eigenes Verhalten an der Gestaltung seines sozialen Geschlechts beteiligt ist. Geschlechtstypisches Verhalten ist nicht einfach nur angeboren, es wird auch gepflegt und kultiviert. Gerade die aktive Aneignung von Verhaltensweisen ermöglicht aber auch den Bruch mit Geschlechterrollen. Jeder Mensch kann seine angenommene Rolle hinterfragen. In dieser Erkenntnis liegt für Simone de Beauvoir der erste Schritt zur Freiheit des Menschen.

Der gemeinsame Grundgedanke des Feminismus ist der »Glaube an die gesellschaftliche, politische und ökonomische Gleichheit der Geschlechter«. Daher beschränkt sich die Bewegung auch nicht auf Frauen. Mit der weltweiten Kampagne HeForShe ruft zum Beispiel die Organisation UN Frauen gerade Jungen und Männer dazu auf, sich für Frauenrechte und für die Gleichstellung von Männern und Frauen zu engagieren. Denn es ist für alle von Vorteil, wenn Frauen dieselben Möglichkeiten bekommen wie Männer. In einer gleichberechtigten Gesellschaft wird niemand mehr aufgrund seines Geschlechts auf irgendeine Aufgabe festgelegt, und jeder hat die Freiheit, seine eigene Rolle zu leben. Die Gleichstellung der Geschlechter ist daher eine Frage der Gerechtigkeit für alle Menschen dieser Welt.

147

ROLLENBILDER SIND EINE FRAGE DER GEWOHNHEIT!

In Filmen und Serien, in der Literatur und im Theater sind wir es gewohnt, uns in andere Rollen zu versetzen. In der Fiktion sehen wir die Welt mit den Augen der Charaktere. Mit ihnen schlüpfen wir wie selbstverständlich in andere Rollen und überschreiten dabei auch manchmal die sozialen Normen unseres Alltags. In Geschichten und Serien spielen wir also mit anderen Rollen und hinterfragen die Grenzen unserer Identität. Wieso fällt uns das im echten Leben häufig so schwer? So sinnvoll Normen und Rollenbilder auch sein können, sie sind kritisierbar und müssen nicht für jeden gleich gelten.

Jedes Mal, wenn wir unsere Welt in Frauen- und Männersachen einteilen, lohnt sich die Frage, wie sinnvoll diese Einteilung für einen selbst und andere überhaupt ist. Dabei kann man sich in Erinnerung rufen, dass diese Einteilung kulturell gemacht ist und nicht für jeden selbstverständlich sein muss. Denn die Freiheit des Menschen bemisst sich nicht nur daran, was Frauen, Männer und Personen anderer Geschlechter heute alles erreichen können, sondern auch daran, mit welcher Selbstverständlichkeit sie es tun können. So ist es üblich und gesellschaftlich akzeptiert, wenn ein älterer Mann mit einer jüngeren Frau zusammen ist. Liebt ein jüngerer

JEDE NORM KANN SINNVOLL HINTERFRAGT WERDEN.

Mann eine ältere Frau, läuft das dem vorherrschenden Männlichkeitsideal zuwider. Nur so lassen sich das Unverständnis und der Widerstand nachvollziehen, den das französische Präsidentenpaar Macron auf sich gezogen hat. Brigitte Macron ist über 20 Jahre älter als ihr Ehemann, was als gesellschaftlicher Skandal galt. Beim amerikanischen Präsidentenpaar Trump ist der Altersunterschied andersherum ähnlich groß, wurde jedoch kaum thematisiert oder diskutiert.

In Schottland wird es als völlig normal angesehen, wenn Männer einen Rock tragen (den sogenannten Schottenrock oder Kilt). Natürlich kann man auch in Deutschland als Mann einen Rock tragen, allerdings ist hier das Rocktragen einfach weniger verbreitet (und sehr wahrscheinlich auch weniger akzeptiert) als in Schottland. Es gibt aber auch Kunstformen, bei denen man auf der Bühne die Kleidung eines anderen Geschlechts trägt. In der Travestie-Kunst verkleiden sich Männer auf der Bühne als Frauen und umgekehrt. Neben Travestie gibt es noch den Transvestitismus. Das bedeutet, dass sich zum Beispiel Männer nicht nur auf der Bühne als Frau verkleiden, sondern auch privat, sei es aus modischen Gründen oder einfach aus Lust am Verkleiden. Sie werden Transvestiten genannt. Seit den 1970er-Jahren spricht man hierbei auch von Cross-Dressing. Dabei spielt die sexuelle Orientierung beim Tragen der Kleidung des anderen Geschlechts keine Rolle.

Es gibt zahlreiche Beispiele für die menschliche Lust an Verkleidungs- und Rollenspielen, in denen die alltäglichen Normen überschritten werden. Wenn Kinder Cowboy und Indianer spielen, dann verkleiden sich alle so, egal ob Junge oder Mädchen. Auch an Karneval wundert sich niemand, wenn sich Menschen als ein anderes Geschlecht verkleiden. Beim Cosplay verkörpert man eine Figur aus einem Anime, Manga, Film oder Videospiel, wobei es darum geht, seine Rolle mittels Kostüm und Verhalten möglichst originalgetreu darzustellen. Cosplay kam in den 1990er-Jahren aus Japan nach Europa und in die USA, und mittlerweile gibt es weltweit Cosplay-Gemeinschaften, die sich regelmäßig treffen.

Menschen sind Gewohnheitstiere, und was einmal gelernt und für gut oder selbstverständlich befunden wurde, lässt sich nicht so leicht ändern. Jede Vorstellung von »normal« ist aber gesellschaftlich festgelegt und gilt nur so lange, wie sich alle daran halten. Trotzdem herrscht im Alltag ein unausgesprochener Zwang zur Normalität. Wir alle haben irgendwann einmal gelernt, uns von unserer besten Seite zu zeigen und vor allem unsere guten Eigenschaften hervorzuheben. Wir klammern un-

Zusammenleben

sere Schwächen und Eigenarten gern aus. Dabei liegt genau darin ein riesiges Potenzial. Wenn man erkennt, dass sich jeder Mensch – auch man selbst – manchmal seltsam und nicht normal vorkommt, dann hat man etwas Grundlegendes über die Gesellschaft verstanden. Geht man offener mit diesen Seiten um, gibt man auch anderen das Gefühl, dass sie in Ordnung sind.

Denn jeder Mensch will sich normal fühlen, so wie er ist. Je mehr man sich selbst erlaubt, von dem abzuweichen, was als normal definiert wird, desto mehr ermutigt man auch andere dazu. Man muss nicht jeden gleich in Mann und Frau, groß und klein, dick und dünn einordnen. Man muss auch nicht jedem Geschlecht automatisch bestimmte Eigenschaften zuordnen. Hinter jedem Menschen steckt sehr viel mehr, als wir denken. Der Mensch ist nämlich nicht nur das, was er tut und kann, sondern auch das, was er tun und sein könnte!

MAN IST MEHR, ALS MAN DENKT.

Ich – Ein Mensch

LENA RIEMER

Als ich das erste Mal
bewusst in einen Spiegel sah,
war mein Körper für mich undefinierbar.
Da war ich weder männlich noch weiblich.
Mein Geschlechtsorgan war bedeutungslos,
denn ich sah nur in meine Augen hinein.
Fragen trieben in dem tiefen Braun.
Und um ehrlich zu sein,
wusste ich nicht, was ich war.

Weder eine echte Frau noch ein ganzer Mann,
deute mein Geschlecht anderen

durch die Kleidung an.
Doch verstehen können sie mich nicht,
denn die Falten auf ihrer Stirn
sind viel zu eng gestrickt,
um einen neuen Gedanken reinzulassen,
ihr Blick ist viel zu starr,
um einen neuen Winkel zu erkunden.
Mir war von vornherein klar,
bei ihnen hätte ich nie
wirklich Verständnis gefunden.

»Halb Mann, halb Frau? Er oder sie?
Wie sollen wir sie nennen?«
»Man muss sich doch
zu einem Geschlecht bekennen!«

»Und wie die immer aussieht,
wenn sie aus dem Haus geht!«
»Ob sich ihre Mutter wohl für sie schämt?«
»Arme, verwirrte Teenagerin,
will doch nur die Eltern provozieren!«

Dieses Dorf war mir schon immer zu klein,
ich passte nicht in sein binäres System rein.
Denn in einem Code aus Einsen und Nullen,
bin ich eine 0,5.
Umgeben von X- und Y-Chromosomen,
bin ich das Z.
Ich vereine alle Geschlechter in mir
und habe doch keins.

Aber wie sollte ich das nun erklären?
Meiner Mutter,
von der ich mir verständnislose Blicke einfing,
weil ich jede Woche
in einer anderen Abteilung shoppen ging.
Und meinem Vater,
der »das Ding mit den vielen Geschlechtern«
nicht verstand,
ihm wären da doch nur zwei bekannt.

Sie haben es zwar schnell kapiert,
doch meine Mutter war schockiert.

teils Sohn, teils Tochter,
teils ein »Gemisch« zu haben.
Und die erste, belustigte Frage meines Vaters war,
wie ich vorhätte, mit einer Vagina,
als Mann ein Pissoir zu nutzen.
Eigentlich ja eine gute Frage,
dachte ich.

Doch egal, wie viel Verständnis
ich letztendlich erhielt,
es gab ein Problem, das immer blieb:
Ich fühlte mich allein auf der Welt,
war der Einzige mit meiner Identität.
Es war im Internet, wo ich schließlich sah,
dass ich bei Weitem nicht alleine war.
Dass eine ganze Community hinter mir stand,
bei der ich immer Unterstützung fand.
Sie gab mir die nötige Sicherheit,
die ich brauchte, um voll und ganz ich zu sein.

Sehe ich heute in den Spiegel,
steht da weder Frau noch Mann vor mir.
Mein Geschlechtsorgan macht
nicht meine Geschlechtsidentität aus.
Und wenn ich mich anschaue,
sehe ich nur mich.
Einen Menschen.

Jörg Bernardy, geboren 1982, hat in Philosophie promoviert und beschäftigt sich mit dem kreativen Potenzial von philosophischen Ideen zwischen Theorie und Praxis. Er war mehrere Jahre für *DIE ZEIT* tätig und lebt als freier Autor in Hamburg. Beim Schreiben hat er sich mal männlich, mal weiblich und meistens gar nicht geschlechtlich gefühlt, sondern verwundert, neugierig und manchmal auch verwirrt.

Nina Meischen, aufgewachsen direkt am Deich auf der Halbinsel Butjadingen, lebt und arbeitet in Hamburg als freiberufliche Illustratorin und Grafik-Designerin.

Kim Salmon, Jahrgang 1999, schreibt Kurzgeschichten, Gedichte und Texte für die Bühne und verbringt den Rest des Tages mit Klettern, Pfannkuchenessen und dem Abreißen von Nazi-Aufklebern.

Karlotta Freier arbeitet als Illustratorin in Hamburg. Neben Aufträgen für u.a. *Brigitte* oder *Zeit Online*, arbeitet sie an ihrer ersten Graphic Novel. 2018 wurde sie mit dem ADC Young Ones Award ausgezeichnet.

Merlin Krzemien, geboren 1999, studiert Politik und Philosophie in London. Stammt von der französischen Grenze. Spielt Theater, läuft Halbmarathon. Leidenschaftlicher Kunstgucker. Schreibt, seit er kann.

Lena Gröne studiert Kommunikationsdesign an der *HAW Hamburg* im Fachbereich Fotografie und Zeichnung und beschäftigt sich mit den Themen des menschlichen Ursprungs sowie der Vergänglichkeit.

Luma von Perfall ist eine deutsch-brasilianische Fotografin. In ihren Arbeiten setzt sie sich mit den Themen Sexualität, Intimität und Heimat auseinander.

Julian Litschko, geboren 1991, studiert Kommunikationsdesign an der *Muthesius Kunsthochschule Kiel* und bewegt sich zwischen den Bereichen Grafik und Illustration.

Philipp Neudert (*1997) ist Preisträger des *Treffens Junger Autoren*, Stipendiat des *Literaturlabors Wolfenbüttel* und der *Bayrischen Akademie des Schreibens* und studiert Philosophy & Economics in Bayreuth.

Lena Riemer, Jahrgang 2002, ist eine Poetry Slammerin aus dem Düsseldorfer Raum. In ihren Texten beschäftigt sie sich sowohl mit sehr persönlichen als auch mit gesellschaftsbezogenen Themen.

Dieses Buch ist erhältlich als:
ISBN 978-3-407-75442-4 Print
ISBN 978-3-407-77493-4 E-Book (EPUB)

© 2018 Beltz & Gelberg
in der Verlagsgruppe Beltz · Weinheim Basel
Werderstraße 10, 69469 Weinheim
Alle Rechte vorbehalten
Idee, Konzept und Lektorat: Matthea Dörrich
Neue Rechtschreibung
Umschlaggestaltung: Lisa Klose
Herstellung: Elisabeth Werner
Layout und Satz: Lisa Klose
Druck und Bindung: Beltz Grafische Betriebe, Bad Langensalza
Printed in Germany
1 2 3 4 5   22 21 20 19 18

Weitere Informationen zu unseren Autor_innen und Titeln finden
Sie unter: www.beltz.de

Für Wahrheitssucher, Selbsterfinder und Andersdenker!

Jörg Bernardy

Philosophische Gedankensprünge Denk selbst!

Gebunden, 144 Seiten
Beltz & Gelberg (82220)

Denken ist ein Abenteuer, das dich verändern kann. Wage den Sprung und hinterfrage deine Welt: Zu Themen von Natur und Tieren über Liebe, Gesellschaft und Medien bis zum Sinn des Lebens findest du hier philosophische Theorien, Thesen, Fragen und Gedankenexperimente. Fülle sie mit deinen Ideen und Erfahrungen, denn Philosophieren bedeutet selbst denken und handeln!

»Eine schöne Lektüre für Philosophie-Einsteiger – auch dank der klugen, liebevollen Illustrationen.« *Hohe Luft, 5/2017*

»Viele Gedanken entpuppen sich als wahre Stolpersteine. Dieses Buch hilft, spielerisch mit ihnen umzugehen.« *Sarah Erdmann, flow, 29/2017*